격차,

그 지극한 자연스러움

격차 그 지극한 자연스러움

안재욱 엮음

백년동안

들어가며

격차는 자연스러운 것이다

자연은 결코 동일한 것을 복제하지 않는다. 그래서 이 세상에 동일한 것은 없다. 모두 다르다. 자연에 존재하는 식물, 동물, 곤충 모두 제각각이다. 식물이라 해도 그 종류가 매우 다양하다. 나무만 봐도 대나무, 느티나무, 소나무, 은행나무, 단풍나무 등 그 종류가 수없이 많다. 대나무라 해도 통이 굵은 것, 가는 것 어느 것 하나도 같은 것 없이 다 다르다. 자연의 산물은 표준화되어 있지 않다. 그런 다름 속에서 자연은 조화를 이룬다.

사람도 마찬가지다. 동일한 사람이 하나도 없다. 같은 민족이라도 모두 다르다. 심지어 형제마저도 다르다. 외모에 있어서, 성격에 있어서, 능력에 있어서, 선호에 있어서, 감성에 있어서, 지능에 있어서, 체력에 있어서, 의욕에 있어서 모두 다르다. 그래서 사람들 간에 차이가 나는 것은 당연하고 자연스러운 것이다. 그리고 그 서로 다른 사람들이 만들어내는 산물 모두 다를 수밖에 없다. 그것이 예술품이든, 소득이든, 문화든, 문명이든 모두 다르다. 그래서 인간 사회는 다름 그 자체다. 사람들 간에, 사람들이 만들어 낸 산물들 간에는 격차가 존재하게 마련이다.

사람들이 창조해 내는 소득과 부만 봐도 그렇다. 능력과 재능이 다르고, 일하는 강도와 노력에서 차이가 나기 때문에 소득과 부가 달라진다. 아무리 능력과 재능이 뛰어나다고 해도 열심히 일하지 않으면 잘살지 못하고, 비록 능력과 재능에서 뒤떨어진다고 해서 반드시 못사는 것이 아니다. 열심히 일하면 잘살 수 있다. 물론 능력과 재능이 뛰어난 사람이 열심히 일하면 더 잘사는 것은 당연하다.

사람들의 부를 모두 평등하게 만들 수는 있다. 국가가 개인이 가지고 있는 부를 모두 몰수하여 공평하게 나눠준 다음 "이웃보다 열심히 일하지 마라. 새로운 아이디어를 내지 마라."고 명령하고, 경찰과 군대를 동원해 국민들이 그 명령을 잘 지키는지 감시하고 통제하면 된다. 이런 사회를 원하는 사람은 한 사람도 없을 것이다. 이러한 사회는 인간이 살기 어려운 지옥과도 같기 때문이다. 이 점은 사회주의 국가들에서 드러났다. 모두가 평등한 세상을 만들겠다고 약속했지만 실제로 나타난 결과는 불평등, 빈곤, 비참함이었다.

격차를 인정하지 않고 인위적으로 동일하게 만들려고 하면 자연적인 조화는 깨진다. 그리고 사람들 간에 갈등과 비극이 시작된다. 인간 사회는 격차를 인정하는 사회다. 그러한 사회는 인간의 본성과 개인의 자유를 인정하는 자본주의 사회에서 더 잘 실현된다. 물론 인간은 불완전하기 때문에 불완전한 인간이 자유롭게 의사를 교환하면서 살아가는 자본주의 역시 불완전하고 문제가 상존한다. 그러나 인간의 본성과 자유를 억제하는 그 어떤 사회보다 더 나은 사회임은 분명하다.

이런 측면에서 안재욱 교수는 소득격차 문제를 다루었다. 특히 많은 사람들이 오해하고 있는 소득격차와 부익부빈익빈의 차이를 설명하였으며, 부익부빈익빈은 계층 간의 이동이 자유로운 자본주의 사회에서 발생하는 것이 아니라 사회주의 사회, 또는 정부가 깊숙이 개입하여 정보와 자원이 특정인들에게 우선적으로 배분되는 정실주의 사회에서 발생한다고 설명하고 있다. 그리고 자본주의 사회에서 소득격차가 발생하는 것은 자연적인 현상으로 소득격차 자체는 받아들여야 한다고 강조하지만, 소득격차가 악화되는 요인을 올바르게 찾아 바로잡을 필요가 있다고 주장한다. 그는 소득격차를 악화시키는 요인으로 경제성장 둔화와 통화 팽창을 들고 있다. 경제성장이 둔화되면 일자리를 잃어 임금 이외의 소득이 없는 서민과 임금 이외의 소득이 있는 사람들, 일자리를 유지할 수 있는 사람들 간에 소득격차가 악화된다는 것을 강조한다. 또한 통화가 팽창되면 새로 유입된 통화를 일찍 입수한 사람과 늦게 입수한 사람들 간에 소득격차가 발생하는데 이러한 소득격차는 비생산적인 것이라고 설명하고 있다. 그러므로 소득격차를 완화시키기 위해서는 경제성장의 둔화를 야기하는 규제들을 철폐하여 경제가 성장할 수 있도록 하고 비생산적인 소득격차를 발생시키지 않기 위해 통화 팽창 정책을 지양해야 한다고 강조하고 있다.

민경국 교수는 기업가 정신의 관점에서 소득격차를 조망하고 있다.

자본주의가 능력, 재주, 상속재산, 자본, 원료 등 개인이 가진 자원에 좌우되어 부의 축적을 무제한 허용하는 사회체제이므로 윤리적 정당성이 없다는 인식은 전적으로 틀렸음을 지적한다. 자본주의의 원동력은 기업가 정신과 경쟁임을 설명하고, 기존의 부자를 추격하거나 추월하려는 기업가적 경쟁을 통해서 부의 격차를 끊임없이 견제하여 분배를 개선하는 과정이 시장임을 강조한다. 그리고 추격과 추월의 원동력으로서 기업가 정신을 발휘하는 것은 재산수준이나 정규교육과도 무관하며, 재산이 없거나 교육받지 못한 빈곤한 무산자를 부자로 만드는 게 기업가 정신이라는 점을 강조하고 있다.

김이석 박사는 비교우위 관점에서 격차를 분석하고 있다. 격차는 개인들 사이에 서로 다른 비교우위를 만들어내고, 서로 교환을 통한 협력을 가능하게 만든다고 해석하고 있다. 이런 협력은 한 사람이 매우 전문화된 하나의 일만 하더라도 나머지 필요한 것들을 다른 사람들로부터 구할 수 있도록 해 주었으며, 이것이 문명 발전의 기초가 되고, 인간이 동물과 다름없는 삶으로부터 벗어나게 하는 데 결정적인 역할을 하였다고 주장한다. 현재 사람들이 봉건시대 왕들이 누리던 것보다 더 많은 문명의 혜택을 누리며 사는 것은 노동분업을 통한 협력을 잘 한 결과이며, 격차는 결국 인류 발전의 원동력이었다고 강조한다.

김승욱 교수는 소득격차와 부의 불평등에 관한 역사적 사실들을 제시하고 있다. 고대 로마, 중세 그리고 산업혁명 이전 시대에 훨씬 소득불평등이 심했고 귀족들을 제외한 대부분의 사람들이 빈곤하게 살았던 역사적 사실을 자세히 보여주고 있다. 또한 자본주의가 도입된 이후 대부분의 사람들이 빈곤에서 탈출했고 소득 불평등도 훨씬 완화되었다는 것을 강조하고 있다. 뿐만 아니라 자본주의 대안으로 내세웠던 공산주의에서 훨씬 더 소득 불평등이 심했으며 대부분의 사람들이 빈곤하게 살았다는 역사적 사실도 제공하고 있다.

최승노 박사는 기업격차에 대해 썼다. 그 역시 기업격차는 자연스럽고 당연히 존재하는 것이라고 보고 있다. 기업마다 생산성이 다르고 원가 구조도 다르며, 가격과 품질 또한 다르기 때문에 소비자는 가격과 품질을 고려해서 선택한다. 기업격차를 핑계로 기업을 인위적으로 키우거나 줄이려 하는 것은 '프로크루스테스의 침대'와 같은 것으로 결국 그 피해는 고스란히 소비자에게 돌아간다고 설명한다. 그래서 정부가 인위적으로 기업격차를 줄이겠다고 하는 것은 지적 오만이며 법으로 포장된 강탈임을 주장하고 있다. 우리나라에서 오랫동안 정치권이 기업격차를 줄이겠다며 반시장적 규제와 대기업 견제 정책을 양산한 결과 대기업이 위축되면서 일자리 창출이 잘 되지 않는 문제가 나타나고 있다고 보고 있다. 기업 격차는 경쟁과정에서 나타나는 자연스런 현상이므로 정부가 개입하기보다 시장에서 기업의 크기가 결정되고 누가 생산할지 소비자의 선택에 의해 결정되도록 하는 것이 바람직하다고 강조한다.

김인영 교수는 지역 간 격차를 분석했다. 김 교수는 지역격차는 역사적으로 보편성을 가진 현상이라고 설명한다. 그리하여 현재의 지방 대도시-지방 중·소도시 및 농촌지역의 격차를 문제 삼는 것은 지역격차의 역사적 보편성을 부정하는 것이며, 지역격차를 완전히 극복하겠다는 목표를 가진 정책은 다분히 실현 가능하지 않은 사회주의적 평등이라는 허상을 쫓는 노력에 불과하다고 주장한다. 또한 지역격차 해소정책들은 '정치적 목적'을 가지고 경제적 효율성은 배제된 채 정치적으로 추진되었기 때문에 실패할 수밖에 없었다고 강조한다. 그 대표적인 예로 세종시, 행복·기업·혁신도시 정책, 수도권 규제 등을 들고 있다. 특히 수도권 규제는 국토의 균형 발전을 위한다고 했지만 기업들이 수도권 외의 지역으로 이전할 것이라는 정부의 의도와 달리 현실에서는 기업이 해외로 탈출을 감행하고 있어 이들 기업이 다시 'U턴'하지 않는다면 지방의 생산기반이 계속 취약해질 수밖에 없다는 점을 지적하고 있다. 그래서 지방이 스스로 전국에서 가장 살기 좋은 지역으로 만드는 노력을 하고, 지역 경제 활성화를 위해 기업 유치에 전력으로 노력하는 것만이 지역격차를 해소하는 최선의 방책임을 강조하고 있다. 지역격차 해소는 정치권과 정부의 인위적 개입이 아니라 지방의 자율과 자립에 맡겨야 한다는 결론이다.

신중섭 교수는 격차를 인문학적 관점에서 설명하고 있다. 격차는 자연스러운 경제활동의 결과이고, 국가가 정한 법의 테두리 안에서 활동한 사람들의 경제적 행위의 결과이며 격차가 위법이나 불공정한 경제행위에서 발생한 것이 아니라면 그것은 용인되어야 한다고 주장한다. 그럼에도 불구하고 사람들은 격차가 작은 사회, 격차가 없는 사회가 바람직하다고 말하는데 그것은 불가능하다고 설명한다. 격차가 초래할 수 있는 사회적 부작용을 정부의 역할을 통해 해소할 수는 없는데 그 이유는 정부가 아무리 노력해도 사람들 마음속에 있는 열등감, 시기심,

부러움을 없앨 수 없기 때문이라고 강조한다. 또한 부가 증가한다고 그에 따라 행복이 증가하는 것은 아니며, 이 사실에 대한 깨달음은 경제학이나 정치학이 줄 수 있는 영역은 아니라고 주장한다. 그래서 격차를 정치·경제적 관점에만 국한시키지 않고, 인문학적 관점에서도 성찰해야 한다고 강조한다. 그렇지만 '격차'가 사회의 중심 담론이 되는 것은 바람직하지 않고, 국가는 '격차해소'가 아니라 빈곤 추방이나 최소 생활 보장과 같은 것을 자신의 정책 과제로 삼아야 한다는 것을 강조하고 있다.

이영조 교수는 참을 수 있는 격차와 참을 수 없는 격차로 나누어 격차에 대한 불만을 줄일 수 있는 방안을 제시하고 있다. 우리나라에서 명목상 교육이나 취업의 기회는 분명히 누구에게나 열려 있지만, 실질적으로는 많은 사람들이 기회에 커다란 실질적 격차가 있다고 생각한다는 것이다. 예를 들면 돈 있는 집 애들은 과외도 받아 높은 수능점수를 받는데 나는 부모가 돈이 없어서 못 해주니 불만이고, 있는 집 아이들은 성적이 나보다 좋지 않은데도 어떻게 입시사정관제도를 통해서 좋은 대학을 가던데 나는 형편이 되지 않아 요구되는 스펙을 맞출 방법이 없고, 있는 집 애들은 조기유학도 가고 해외로 영어연수도 1~2년씩 다녀오는데 나는 그러지 못해서 취업 면접 때마다 영어 때문에 떨어진다며 불만을 갖고 있다는 것이다. 그리고 좋은 회사들이 부모들과의 비즈니스 기회를 염두에 두고 돈 있고 지위 있는 집 자녀들을 특별 고려해 선발한다는 것에 불만이 고조되고 있다고 한다. 이영조 교수는 이러한 것들은 참을 수 없는 격차로서 해소되어야 한다고 주장한다. 그 해소 방안으로 첫째 평준화 폐지 내지는 수정, 둘째 영어의 제2공용어화, 셋째 대학 입시에서 사실상 부모의 능력에 의해 성패가 좌우되는 각종 이상한 전형들의 제거, 넷째 가족적 배경을 고려해 채용하는 기업 관행 제거, 다섯째 기업에서 오너 일가라는 이유로 어린 나이에 임원으로 낙하산을 태워 내려보내는 관행 자제 등을 제시하고 있다.

2015년 5월

저자 대표 안재욱

차례

1장

소득격차와 부익부빈익빈

—

안재욱(경희대학교 교수 | 경제학)

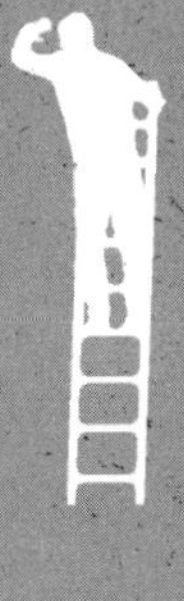

많은 사람들이 소득격차와 부익부빈익빈의 차이를 이해하지 못하고 있다. 보통 소득격차가 심해졌을 때 부익부빈익빈의 현상이 나타났다고 말한다. 그리고 부익부빈익빈이 나타난 것은 자본주의와 시장경제 때문이라고 비난한다. 결론부터 말하면 이것은 오해다. 자본주의가 소득격차는 유발하지만 부익부빈익빈을 유발하지는 않는다.

자본주의가 소득격차를 유발하는 것도 사실은 자본주의 문제라기보다는 인간 사회에서 나타나는 자연스런 현상이다. 그것은 사람마다 능력과 재능이 다르고, 사람들이 모두 다 열심히 일하는 것이 아니기 때문이다. 이런 까닭에 각자의 성취, 지위, 소득 그리고 부가 인간 사회에서는 모두 다를 수밖에 없다. 류현진과 같이 야구를 잘하는 선수가 그렇지 않은 사람보다 더 많은 돈을 벌고, 근면하고 성실한 사람이 게으른 사람보다 더 많은 부를 축적한다.

자본주의, 사회주의 그리고 정부가 경제에 깊숙이 개입한 간섭주의는 모두 사회제도로서 사람들이 살아가는 환경을 제공하는 수단이지 목적이 아니다. 따라서 우리가 고려해야 할 것은 어떤 체제가 표방하는 이상이나 목적이 아니라 그것이 낳는 결과다. 이런 점에서 소득격차 문제도 사회주의나 정실주의 사회와 같은 사회보다 자본주의 사회에서 오히려 더 적을 수 있다. 이것은 구소련, 북한과 같은 사회주의 국가들을 보면 쉽게 알 수 있다. 권력을 잡고 있는 소수의 그룹만 잘살고 나머지 사람들은 모두 못산다. 이는 정부가 국민생활과 경제에 깊숙이 개입한 정실주의 사회에서도 비슷하다.

스냅 샷 오류

소득격차와 부익부빈익빈의 차이를 이해하지 못하는 것은 정태적인 것과 동태적인 것을 구별하지 못하는 지적 결함에 기인한다. 소득격차는 어느 한 시점과 관계 있는 정태적 개념이고, 부익부빈익빈은 시간에 걸쳐 파악되어야 하는 동태적 개념이다. 10년 전보다 소득격차가 심해졌다는 것은 10년 전이라는 한 시점과 10년 후의 한 시점을 비교해서 나온 결과다. 이것을 두고 부자가 더욱 부자가 되고 가난한 사람이 더욱 가난해졌다고 말할 수 없다.

부익부빈익빈이 되기 위해서는 10년 전에 부자였던 사람이 지금 더욱 부자가 되어 있어야 하고 10년 전에 가난했던 사람이 지금 더욱 가난해졌어야 한다. 다시 말하면 부익부빈익빈은 저소득층, 중산층, 고소득층에 속해 있는 개인들이 시간이 흐르면서 다른 계층으로 이동할 수 없을 경우에 성립하는 개념이다. 그러나 소득격차는 이러한 계층 간 이동과는 무관한 개념으로 소득격차만을 보고 개인들이 계층 간 이동이 있는지 없는지를 파악할 수 없다.

보통 지니계수를 이용하여 소득격차, 혹은 소득 불평등도의 정도를 말한다. 지니계수가 높아지면 저소득층과 고소득층 간의 소득격차가 커졌다고 말하고, 지니계수가 낮아지면 소득격차가 줄었다고 말한다. 그런데 이 지니계수는 단순히 특정연도 또는 현재의 소득 순위 상위 20퍼센트와 하위 20퍼센트 간의 차이만 말해준다. 이 지니계수로는 계층 간의 이동을 알 수가 없다.

따라서 지니계수가 커진 것을 보고 그 시점에서 저소득층과 고소득층 간의 소득격차가 과거보다 커졌다고는 말할 수 있으나 부익부빈익빈을 운운하는 것은 잘못이다. 이것은 마치 움직이는 물체를 찍은 정지된 화면을 보고 그 물체의 움직임에 대해서 설명하는 것과 똑같다. 우리가 정지된 화면만 보고 움직이는 물체에 대해 말하면 오류를 범하기 십상이다. 이러한 오류를 우리는 스냅 샷 오류라고 한다. 소득격차를 보고 부익부빈익빈이라고 말하는 것은 스냅 샷 오류의 일종이다.

어떤 사회에서 부익부빈익빈이 일어나는가

부익부빈익빈은 기본적으로 신분사회에서 일어난다. 신분사회에서는 세습에 의해 귀족이 될 수 있으며 막대한 부를 소유할 수 있다. 귀족이나 양반 집안에 태어나면 자질이나 재능, 성격이나 품행에 관계없이 수백 년을 두고 부귀영화를 누릴 수 있다. 그러나 상민이나 노예의 집안에서 태어나면 아무리 재능이 뛰어나고 능력이 출중해도, 아무리 열심히 노력해도 그 신분에서 벗어날 수 없으며 평생을 가난하게 지내야 하고, 그 자손 역시 마찬가지다. 계층 간 이동이 있을 수 없는 부익부빈익빈 그 자체다. 중세의 봉건사회를 보면 알 수 있듯이 이것은 신분사회와 계급사회에서 나타나는 특성이다.

자본주의 사회는 이와는 다르다. 자본주의 사회에서 사회적 지위를 높이고 부를 축적할 수 있는 기회는 누구에게나 주어져 있다. 자본주의 사회에서 사회적 지위를 높이고 부를 축적할 수 있는 유일한 방법은 남을 만족시키는 일이다. 남들이 원하고 생각하는 것이 무엇인지를 파악하여 그것을 경쟁자들보다 훨씬 잘 제공하면 성공하고 부를 축적할 수 있다. 물론 자본주의 사회에도 부유하고 정치적으로 영향력이 있는 사람들이 있게 마련이다. 그러나 이 사람들은 끊임없이 바뀐다. 어떤 특정 계층이 차지하지 않고 부자와 가난한 사람의 위치가 시간이 지나면서 지속적으로 바뀐다. 한 번 가난한 사람이 더욱 가난해지고 부유한 사람이 더욱 부자가 되는 이른바 부익부빈익빈이 자본주의 사회에서는 일어나지 않는 것이다.

미래의 자기 위치와 성공 여부는 자신이 어떻게 하느냐에 달려 있다. 비록 지금은 가난하지만 자신이 능력과 소망이 있고 열심히 노력하면 어느 분야에서든지 사회적 지위를 높일 수 있고 부를 축적할 수 있다. 물론 모든 사람들이 다 그러한 위치에 도달할 수 있는 것은 아니다. 그러나 모든 사람들에게 봉건사회나 신분사회에서는 열려 있지 않은 다른 길들이 활짝 열려 있다. 우리가 잘 알고 있는 헨리 포드는 친구에게 빌린 수백 달러의 자금을 가지고 세계적인 대기업체를 키워냈다. 가난한 가정에서 자랐지만 세계적인 축구 스타가 된 크리스티아누 호날두, 신문팔이로 시작했던 저명한 사업가, 은행사환으로 시작하여 은행장이 된 사람 등 이런 사례는 수도 없이 많다.

가난했던 사람도 열심히 일한 사람은 그만큼 잘살고 아무리 처음에 잘살았다고 할지라도 열심히 일하지 않으면 가난해지는 것이 바로 자본주의 사회의 특성이다. 자본주의가 비교적 가장 잘 발달된 미국의 사회에 대한 한 연구 결과는 이와 같은 사실을 잘 뒷받침하고 있다. 1995년 8월 28일자 『Investor's Business Daily』에 난 기사에 의하면, "소득세 신고서를 조사한 결과 1979년 상위 20퍼센트에 들어 있던 대부분의 사람들이 1988년에 중하위 소득계층으로 떨어졌다. 그리고 1979년 최하위 20퍼센트에 있던 사람의 14.2퍼센트가 1988년에 그대로 남아 있었던 반면, 20.7퍼센트가 한 등위 올라섰고, 35퍼센트가 두 등위, 25.3퍼센트가 세 등위, 그리고 14.7퍼센트가 최상위 20퍼센트로 올랐다."고 발표하였다.

그러나 사회주의 체제에서는 이러한 일이 일어나기 어렵다. 사회주의 체제에서는 개인 스스로 직업을 선택할 수 있는 기본적인 자유가 없다. 사회주의 체제에서는 오직 하나의 경제당국만 존재할 뿐이며 바로 이 당국이 생산에 관한 모든 문제를 해결한다. 이러한 사회에서는 경제를 통제하고 있는 사람이나 그 주변 사람들 그리고 그들에게 가까이 접근할 수 있는 사람 등 소수의 사람들에게 부를 쉽게 축적할 수 있는 기회가 주어진다. 사회주의는 평등한 사회라고 하지만 실질적으로는 신분사회이고 계급사회다. 당원과 비당원으로 나뉘고, 실질적으로 권력을 쥐고 있는 그룹과 그렇지 않은 그룹으로 나뉜다. 권력에서 멀리 떨어져 있는 사람들은 사회적 지위를 높일 수 있는 기회나 부를 축적할 수 있는 기회가 거의 없다. 그래서 신분사회와 마찬가지로 권력에 가깝게 있는 사람들은 시간이 흐를수록 잘살지만 권력에서 멀어져 있는 사람들은 부자가 되기 쉽지 않다. 그리고 그 그룹들이 쉽게 바뀌지 않는다. 그래서 오히려 사회주의 체제에서 부익부빈익빈이 일어난다.

형식적으로는 자본주의 체제를 갖고 있지만 정부가 경제에 깊숙이 개입하고 있는 사회가 있다. 이러한 사회에서는 정부, 기업, 이익집단 간의 우호적인 관계가 형성되어 경쟁이 제한되는 정실주의가 판을 친다. 정부가 경제에 깊숙이 개입하고 있는 사회에서는 정치인과 정부 관리와 특별한 관계를 갖고 있는 사람이 부를 축적하기가 쉽다. 정부는 법령을 통해 자원을 강제로 배분할 수 있는 권한을 가지고 있다. 그 정부권력을 수행하는 사람들이 정치인과 정부 관리들이다. 이런 사회에서는 사업을 누구나 할 수 있는 것이 아니라 정부의 허가를 받는 사람들만 할 수 있다. 따라서 자원 배분권을 가지고 있는 정치인과 정부 관리와 연계되어 있는 사람이 사업허가권을 쉽게 얻어 부를 축적할 수 있다. 그렇지 않은 사람들은 부를 축적하기 어렵다. 이런 사회에서는 학연, 지연, 혈연에 의해 자원이 배분되는 경향이 많다. 그래서 부정부패가 만연하고 연줄이 없는 사람은 쉽게 가난에서 벗어나기 어렵다. 부익부빈익빈은 정부 주도로 이끌어지는 경제체제의 정실주의 사회에서 일어나는 것이다.

오늘날 자본주의가 부익부빈익빈을 일으키는 사회라고 주장하는 사람들 대부분은 정실주의를 자본주의로 오해하고 있다. 그러나 정실주의 사회는 자본주의 사회가 아니다. 정실주의는 시장을 왜곡하는 것으로서 청산되어야 하고 개혁되어야 할 자유시장 경제의 적, 자본주의의 적이다.

소득격차는 왜 생기는가

소득은 내가 만들어내는 재화나 서비스를 남이 구입해 줄 때 발생한다. 의사의 소득은 병을 치료하는 서비스를 사주는 사람이 있어야 발생하고, TV를 만드는 기업의 소득은 이를 사주는 소비자가 있어야 발생한다. 이와 같이 소득은 내가 남에게 베풀어준 데 대한 보상으로 얻어진다. 물론 부모로부터 소득을 얻거나 실업수당을 받아 소득을 얻는 경우도 있다. 그러나 대부분의 소득은 내가 만들어낸 재화나 서비스의 공급과 이를 원하는 수요에 의해 결정된다. 전기자동차가 환경적 측면에서 아무리 기술적으로 우수하더라도 사람들이 거기에 가치를 부여하지 않는 한, 그에 대한 수요는 없다. 따라서 그런 재화나 서비스로부터는 소득이 발생하지 않는다. 그런 점에서 소득은 분배되는 것이 아니라 시장에서 수요와 공급에 의해 자연스럽게 결정되는 것이다.

소득이 생산요소로부터 발생하므로 개인의 소득은 생산요소의 소유와 직결된다. 한 개인이 어떤 생산 요소를 얼마나 소유하는가는 기회와 선택의 문제이다. 부모로부터 우수한 지적 능력을 물려받는 사람이 있는가 하면, 지적 능력은 좀 떨어지지만 많은 물질적 요소를 물려받는 사람도 있다. 이는 기본적으로 내가 아닌 제3자가 나에게 주는 기회의 문제이다. 나의 선택과 상관없는 제3자가 나에게 준 기회에 대해 불만이 있다고 하더라도 어느 누구도 이를 바꿀 수는 없다.

그러나 이를 어떻게 발전시키는가는 자신의 선택에 달려 있다. 부모로부터 아무리 좋은 두뇌를 물려받았다고 하더라도 자신이 이를 계발하고 발전시키지 않으면 좋은 두뇌로부터 얻을 수 있는 것이 많지 않다. 반면에 그다지 우수하지 않은 두뇌를 물려받은 사람이 지적 훈련을 열심히 하여 커다란 소득을 얻을 수도 있다. 물질적 요소도 마찬가지다. 아무리 많은 유산을 받았다고 하더라도 그것을 잘못 관리하거나 흥청망청 써버리면 결국 가난하게 된다. 비록 부모에게서 받은 유산은 없으나 열심히 노력하면 헨리 포드나 크리스티아누 호날두처럼 많은 소득을 올릴 수 있다. 따라서 개인이 어떤 생산요소를 얼마나 소유하게 되는가는 제3자가 나에게 준 기회와 내가 이를 어떻게 계발하고 발전시키느냐에 따라 크게 좌우된다.

한편 소득의 크기는 개인이 소유한 생산요소의 양뿐만 아니라 그 가격에 의해 결정된다. 사람들이 소유하는 각종 생산요소의 가격은 여러 가지 기회와 복잡한 선택에 따라 달라진다. 류현진과 같이 매우 빠른 공을 던질 수 있는 투수가 우리나라나 미국에서 벌 수 있는 소득과 프로축구만이 인기 스포츠로 자리 잡고 있는 나라에서 벌 수 있는 소득 간에는 커다란 차이가 있다. 물론 소득의 많은 부분이 운(運)에 의존하기도 한다. 유능한 축구선수가 프로축구에 열광하는 나라에서 태어나는 것은 분명히 행운이다. 그러나 그렇지 않은 나라에서 태어난 유능한 축구선수라도 프로축구가 인기 스포츠인 나라로 옮겨가서 살 수 있다면 그의 소득은 크게 달라질 수 있다. 이와 같이 우리가 소유하고 있는 생산요소의 가격은 그에 대한 다른 사람들의 수요에 의해 좌우된다.

그러나 생산요소의 가격이 다른 사람들의 선택에 의해서만 결정되는 것은 아니다. 자신의 선택, 즉 어디에 사느냐, 어떻게 자원을 사용하느냐, 자원을 어떻게 조합하고 가공하여 누구에게 파느냐 하는 선택에 의해서 크게 좌우된다. 사람들은 자신이 소유하는 생산요소의 가치를 높이기 위한, 즉 생산성을 향상시키기 위한 여러 가지 노력을 한다. 한편 생산성에 영향을 미칠 수 있는 요인은 대단히 많다. 첫째는 타고난 능력이다. 사람에 따라 다른 사람을 잘 설득하거나, 축구를 잘하거나, 노래를 잘하거나, 소설을 쓰는 데 탁월한 능력을 타고 날 수 있다. 두 번째는 기술 연마 노력이다. 특정 재화나 서비스를 생산하는 능력을 발전시키기 위해 노력하여 기술수준이 높아지면 생산성이 높아진다. 셋째는 생산성이 교육의 기간과 질에 의해 영향을 받는다. 교육의 질이 높을수록, 또 교육을 더 많이 받을수록 더 생산적일 수 있다. 넷째는 노동자의 생산을 돕는 자본재가 생산성에 영향을 미친다. 재래식 톱보다는 전기톱을 사용할 때 훨씬 많은 나무를 짧은 시간에 벨 수 있고, 땅을 팔 때도 삽 대신 굴삭기를 이용하면 짧은 시간 내에 훨씬 많은 일을 할 수 있다. 이처럼 자본재를 사용하면 노동자의 생산성은 올라간다.

그 다음 소득은 수요의 크기뿐만 아니라 자신이 하는 일을 할 수 있는 사람의 수에 의존한다. 예를 들면 자신이 하고 있는 일에 대한 수요가 높아도 똑같은 일을 하는 사람들이 많으면 소득이 적다. 결국 높은 소득은 높은 수요와 적은 공급의 결과인 셈이다. 노동공급은 여러 가지 요인에 의해 결정된다. 그 중 하나가 특정 일을 할 수 있는 능력이다. 예를 들면 의사보다는 식당에서 일하는 사람이 더 많다. 마찬가지로 택시 운전기사가 유능한 엔지니어보다 더 많다. 이것은 어떤 직업이 더 귀하고 천하다는 가치판단의 문제가 아니다. 단지 그 일에 더 많은 사람들이 일하고 있다는 사실을 말해주는 것이다. 다만 모든 것이 일정하다면 자신이 하는 일을 할 수 있는 사람이 적을수록 높은 소득을 얻을 수 있다. 이렇게 소득을 결정하는 요인은 매우 다양하다. 이러한 요인들의 차이와 변화에 따라서 사람들의 소득이 각각 달라지는 것이다.

정부의 소득 재분배정책은 소득격차를 해소할 수 있는가

정부는 소득 불평등을 해소하기 위해 소득 재분배정책을 쓴다. 정부의 소득 재분배정책은 앞에서 설명한 가격의 소득분배 기능에 대한 불만에서 비롯된다. 가격은 소득분배 기능 이외에도 정보전달 기능과 유인제공 기능을 한다. 가격은 소비자에게는 소비 결정, 생산자에게는 생산결정을 할 수 있는 중요한 정보를 제공한다. 소비자는 특정 재화의 가격과 자신의 주머니에 있는 화폐와 비교하여 그 재화가 자신이 보유하고 있는 화폐보다 더 가치 있다고 생각하면 그 재화를 구매하고, 그렇지 않으면 구매하지 않는다. 생산자는 재화의 가격 그리고 여러 가지 생산요소들의 가격들을 보고 어떤 생산요소를 얼마만큼 사용하고 재화를 얼마만큼을 생산할지를 결정한다. 이것이 가격이 갖는 정보전달 기능이다. 한편 정보를 전달하는 가격은 관계자들이 그 정보에 반응할 유인을 제공하고, 또 반응하는 방법까지 알려준다. 즉 어떤 재화의 가격이 오르면 생산자는 그 재화를 더 많이 생산하려고 하고, 소비자는 소비량을 줄이려고 하는 것이다. 이러한 두 기능은 시장이 담당하도록 하고 소득분배 기능은 정부가 담당해서 평등한 소득분배가 이뤄지도록 하자는 것이 소득 재분배정책이자 복지정책이다.

그러나 이 세 기능은 함께 작동하는 것이지 분리 가능한 것이 아니다. 가격의 소득분배 기능을 정보전달 기능과 유인제공 기능으로 분리하면 다른 두 기능 역시 작동하지 않는다. 열심히 일한 사람의 소득과 그렇지 않은 사람의 소득이 같다면 아무도 열심히 일하지 않을 것이다. 자기가 파는 물건을 가장 비싼 값으로 사줄 사람을 찾아내도 나에게 아무런 이익이 없다면 아무도 그런 사람을 찾아다니지 않을 것이다. 소비를 줄이고 자본을 축적해도 아무런 보수나 이익이 없다면 아무도 소비를 줄이고 저축을 하지 않는다. 자연히 가격의 기능이 파괴된다. 그래서 그 결과는 의도한 효과에 미치지 못하는 경우가 대부분이며, 경우에 따라서는 정반대의 효과를 낼 수도 있다.

예를 들어 최저임금제의 경우를 보자. 최저임금제는 소득을 높여 주려는 계층, 즉 비숙련 근로자들의 고용을 감소시켜 본래 의도했던 것과는 반대의 결과를 초래한다. 비숙련 근로자의 생산성은 숙련된 근로자의 생산성보다 낮다. 생산성이 높은 숙련 근로자의 임금은 최저임금보다 훨씬 높다. 따라서 최저임금제가 숙련 근로자의 고용에는 영향을 미치지 못한다. 그러나 일부 비숙련 근로자의 생산성은 최저임금에 미치지 못하는 경우가 있다. 따라서 최저임금제가 실시되면 그러한 근로자들은 직장을 유지할 수 없게 된다. 최근 최저임금 인상으로 수많은 아파트 경비원들이 해고된 것은 이를 아주 잘 보여준다.

소득 재분배를 위해서 조세를 통한 보조금 정책을 쓰는 경우 역시 의도한 결과에 못 미치는 결과를 낳거나 정반대의 결과를 낳는다. 보조금을 받는 저소득층은 사회적으로 합의된 이른바 최저생계비를 상당한 정도로 웃도는 소득 활동을 할 수 없는 경우에는 아예 일하지 않게 되는 등 일하려는 유인이 크게 줄어들게 된다. 시간이 지나면서 보조금을 타내려는 사람들이 증가한다. 그보다 더 중요한 것은 자신의 삶을 남에게 의존하기 때문에 정신적 건강성을 잃게 될 가능성이 커진다는 점이다.

한편 소득 재분배는 고소득층으로부터 세금을 더 거둬 저소득층에 나눠주는 방식이 되는데, 세금으로 소득의 많은 부분을 잃게 되는 고소득층은 한결같은 마음으로 열심히 소득활동을 하지 않게 된다. 보조금을 받는 저소득층의 일하려는 유인이 크게 줄어드는 것과 마찬가지로 돈을 많이 벌수록 세금을 더 많이 내게 된다면 고소득층의 일하려는 유인 역시 줄어든다.

그래서 세금을 올리면 외국으로 사업체를 옮겨버린다든가, 정부가 세금을 매기는 자산의 형태를 바꿔버리거나, 아니면 불법적인 탈세 행위가 늘어난다. 그렇게 되면 경제 전체의 생산성이 떨어지게 되어 조세원이 감소한다. 뿐만 아니라 이러한 과정에서 일자리가 줄고 경제가 쇠퇴함에 따라 실업이 증가한다. 그러면 복지 대상자가 더욱 늘어난다. 이렇듯 정부의 조세 증대정책은 그 목적을 달성하기가 쉽지 않다.

게다가 정부가 시행하는 소득 재분배 정책은 흔히 자주 바뀌는 특징이 있다. 처음에 의도한 효과보다는 의도하지 않은 효과가 나타나는 경우가 많기 때문이다. 원인은 근본적으로 인간의 지식이 완전하지 않다는 점에 있지만, 뜻은 훌륭하더라도 인간성에 반하는 제도나 정책은 성공하기 어렵다는 사실도 나타낸다. 의도하지 않은 효과를 의도하는 효과로 바꾸기 위해서는 새로운 정책을 도입해야 하고, 새로운 정책이 도입되면 사람들은 또 거기에 적응해서 행동을 조정하고, 이는 다시 정책이 의도하지 않은 결과를 가져온다. 정부 정책이 개혁이라는 이름 아래 끊임없이 변화하는 이유다.

정부 정책의 잦은 변화는 경제혼란을 가중시켜 정부가 의도했던 결과에 턱없이 못 미치거나 정반대의 결과를 낳는다. 소득격차는 노력과 성공을 처벌하는 식의 분배정책으로 해결될 수 없으며, 오히려 악화시킬 뿐이다. 그래서 소득격차는 인간 사회에서 자연스럽게 일어나는 현상임을 인정하고, 오히려 가진 것이 없는 가난한 사람을 '가질 수 없는 자'로 만드는 수많은 정부 개입을 제거하는 일이 더 생산적이다.

경제성장과 소득격차

앞에서 설명한 것처럼 인간 사회에서 개인 간 소득격차는 존재할 수밖에 없고, 그 요인은 매우 다양하다. 그래서 소득격차를 해소하기 위해 정부가 간섭하면 문제가 더욱 악화된다. 문제 삼아야 할 것은 개인 간 소득격차가 아니라 부익부빈익빈이다. 부익부빈익빈의 문제와 관련하여 이슈가 되고 있는 것이 경제성장 과정에서 나타나는 소득 불평등이다. 이 문제를 처음 제기한 사람은 사이먼 스미스 쿠즈네츠(Simon Smith Kuznetz)다. 쿠즈네츠는 1955년에 경제성장과 소득 불평등 간의 관계를 밝히며 역U자형 가설을 주장하였다. 산업화와 도시화로 인해 소득 불평등이 확대되지만 시간의 흐름에 따라 많은 노동자들이 산업화된 새로운 생산 부문에 진입함에 따라 역U자형 경로를 만들면서 소득격차가 줄어들기 시작한다는 것이다. 한편 피케티(Piketty)는 최근에 쿠즈네츠 연구를 확장하여 1970년대 이후 역U자가 다시 거꾸로 일어나며 소득 불평등이 다시 증가했음을 밝혔다. 두 연구 결과를 볼 때 경제성장 과정에서 소득 불평등이 완화될 수도 있고 심화될 수 있음을 알 수 있다.

그러나 이 연구결과를 잘 해석해야 한다. 많은 사람들이 이 연구를 부익부빈인빈과 연계하여 생각하는 경향이 있다. 분명한 것은 경제가 성장하는 과정에서 개인 간 소득격차는 커질 수도 있고 작아질 수도 있다는 것이다. 그리고 앞에서 설명한 것처럼 시장경제에서는 그 지위가 수시로 바뀌기 때문에 부익부빈익빈이 발생하지 않는다. 시간에 걸쳐 부익부빈익빈이 나타나는 것은 정부가 경제에 깊숙이 개입하는 정실주의에서다. 따라서 부익부빈익빈의 문제를 해결하기 위해서 가장 필요한 것은 정부의 시장 개입을 없애는 일이다.

우리가 우려해야 할 것은 경제성장이 둔화될 경우 발생하는 소득격차다. 경제가 지속적으로 성장하는 경우에는 각자의 적응능력에 따라 소득격차가 발생하지만 거의 모든 사람들의 소득이 증가한다. 그래서 경제가 지속적으로 성장하는 경우에는 소득격차에 대한 불만은 많지 않다. 그러나 성장이 둔화되면서 생기는 소득 불평등은 문제가 되는 경향이 많다. 왜냐하면 경제성장이 둔화되면 가장 먼저 피해보는 사람들이 서민들이기 때문이다. 경제성장이 둔화되면 일자리가 줄고 소비가 감소한다. 일자리를 잃어 임금 이외의 소득이 없는 서민들은 고통을 겪게 된다. 그리고 소비가 감소함으로써 소규모 자영업자 역시 소득이 감소되여 고통을 겪게 된다. 임금 이외의 소득이 있거나, 숙련 노동자들 그리고 전문직에 종사하는 사람들은 일자리를 유지할 수 있어서 경제성장이 둔화되더라도 생활과 저축이 가능하다. 이러한 과정으로 인해 경제성장이 둔화되면 소득격차가 더욱 심해지며 사람들이 불만을 갖게 되어 사회불안 요소가 된다.

우리나라에서 최근 소득격차 문제가 크게 대두되는 이유도 바로 여기에 있다. 지난 20여 년 동안 한국경제의 성장률은 지속적으로 하락하고 있으며 장기침체에 빠져 있다. 한편 통계청에서 발표하는 지니계수를 보면 1990년 이후 우리나라에서 소득 불평등도는 조금씩 악화되어 오다가 1997년 외환위기 직후 더욱 심화된다. 그 후 계속 정체상태에 있다가 2008년 글로벌 금융위기 이후 더욱 심화됐다가 최근에는 약간 개선된 상태이다. 물론 이 데이터는 개인의 계층 간 이동을 말해주는 것이 아니기 때문에 부익부빈익빈의 현상을 직접적으로 보여주는 것은 아니다. 그러나 경제가 침체되어 실업률이 장기간 높은 상태에서 서민들이 고소득층으로 이동하기가 쉽지 않다는 것을 감안하면 지니계수가 악화되었다는 사실로 서민들의 고통이 커졌다고 볼 수 있다. 이러한 측면에서 경제성장률과 소득격차를 고려해 볼 필요가 있다.

실제로 우리나라의 지니계수와 경제성장률은 상당한 정도의 상관관계를 보였다. 이것은 경제성장률이 낮으면 소득 불평등이 심화되고 경제성장률이 높으면 소득 불평등이 악화됨을 의미한다. 그러나 단순히 상관관계만을 가지고 경제성장의 둔화가 소득 불평등을 악화시켰다고 말할 수는 없다. 왜냐하면 상관관계란 두 변수 간의 관련성만을 말해주지 원인관계를 말해주지 않기 때문이다. 따라서 경제성장과 소득 불평등 간의 관계에는 원인성(causality) 문제가 있다.

경제성장이 소득 불평등에 영향을 미치는지, 소득 불평등이 경제성장에 영향을 미치는지는 경제학의 오랜 논쟁거리다. 경제성장이 소득 불평등에 영향을 미친다는 연구도 많고, 소득 불평등이 경제성장에 영향을 미친다는 연구도 많다. 국가와 시대마다 다른 결과를 보인다. 소득 불평등이 경제성장에 영향을 미친다는 학설을 기초로 한다면 우리나라에서는 경제성장과 소득 불평등 간에 음의 상관관계가 있어서 소득 불평등이 악화되어서 경제성장이 둔화되었다고 주장할 수 있다. 그러나 우리나라의 1991~2012년 데이터를 이용하여 '그랜저 인과관계' 분석 방법을 이용한 결과로는 경제성장이 소득 불평등에는 영향을 미치지만 소득 불평등이 경제성장에 영향을 미치지 않는다는 것도 보여준다. 따라서 최근 우리가 겪고 있는 우리나라의 소득 불평등의 원인은 경제성장 둔화에서 찾아야 한다.

통화 팽창과 소득격차

소득 불평등과 관련하여 간과하고 있는 중요한 요인이 하나 있다. 그것은 바로 통화 팽창이다. 미제스(Mises)는 일찍이 무분별한 통화 증가가 소득 불평등을 야기한다는 것을 강조하였다. 중앙은행의 통화정책에 의해 통화량이 증가하면 아직 물가가 오르지 않은 상태에서 새로 유입된 통화를 일찍 손에 넣은 사람의 실질 구매력은 증가하게 된다. 그러나 통화증가로 인해 물가가 오른 후에 새로 유입된 통화를 입수한 사람의 실질구매력은 상대적으로 하락한다. 결국 새로 유입된 화폐를 일찍 손에 넣은 사람과 나중에 입수한 사람 간에 소득격차가 발생한다. 새로운 화폐를 일찍 먼저 이용할 수 있는 사람들은 일반 서민들보다는 정부와 연관성을 가지고 있는 부유한 사람들이다. 그리고 이러한 소득격차는 생산활동과는 아무런 관련이 없는 것이다. 따라서 이러한 소득격차는 비생산적인 것으로서 반드시 시정되어야 할 문제이다.

소득격차 완화 방안

최근 우리나라에서 소득격차가 악화된 주된 원인은 경제성장 둔화와 지속적인 저금리 정책에 따른 통화 팽창에 있다고 하겠다. 따라서 소득격차 문제를 완화시키기 위해서는 우리 경제가 당면하고 있는 저성장에서 탈출하여 경제를 지속적으로 성장하도록 해야 하고 통화정책을 신중하게 수행해야 한다.

먼저 경제성장을 위해서는 민간투자가 늘어나도록 해야 한다. 경제성장은 민간투자와 밀접하게 관계되어 있기 때문이다. 한편 민간투자는 기업의 환경과 밀접하게 관련되어 있다. 우리나라 경제가 침체의 늪에서 벗어나지 못하는 것은 기업환경이 악화되어 기업의 투자가 줄었기 때문이다. 지난 20여 년 동안 우리나라는 민간경제를 활성화하려는 노력보다는 기업의 활동을 위축시키는 조치들을 많이 취해왔다. 김대

중 정부, 노무현 정부 그리고 이명박 정부를 거쳐 오면서 기업에 대한 규제가 강화되고 세금이 늘어나고 노동시장의 유연성을 떨어뜨리는 친노정책으로 일관하였다. 또한 박근혜 정부가 들어서서도 경제민주화라는 이름으로 기업규제를 강화하였다. 이러한 정부규제들이 기업환경을 악화시켜 민간투자가 줄어들고 그에 따라 경제가 장기침체에 빠져 있는 것이다.

따라서 장기침체에서 벗어나고 경제가 성장하기 위해서는 기업환경 개선이 필수적이다. 기업환경을 개선하기 위해서는 기업 활동에 가해지는 수많은 규제를 완화 내지 철폐해야 하고, 근로소득세 및 법인세를 인하하여 경제를 활성화시켜야 한다. 그리고 비정규직보호법을 폐지하고, 과도한 정규직 보호를 완화하여 노동시장을 유연하게 만들어야 한다. 그래야 민간투자가 늘고 경제가 성장하며 일자리가 창출되어 소득불평등이 완화될 수 있다.

한편 소득격차의 또 다른 원인인 과다한 통화 팽창을 지양해야 한다. 1997년 외환위기 이후 정부는 경기부양을 위해 기조적인 저금리정책을 수행하며 많은 통화를 풀었다. 이러한 통화 팽창은 정치적 고려의 결과였다. 따라서 과다한 통화 팽창을 막기 위해서는 한국은행의 독립성과 준칙에 의한 통화정책이 필요하다. 한국은행이 정부와 정치권력의 영향을 받지 않는 제도적 장치를 마련해야 한다. 뿐만 아니라 한국은행이 재량적으로 통화정책을 수행하지 않고 준칙에 의해 통화정책을 수행하도록 해야 한다. 그래야 과다한 통화 팽창에 의한 비생산적인 소득격차 문제가 발생하지 않는다.

그리고 소득격차를 해소하기 위한 정부의 소득 재분배정책은 오히려 상황을 더욱 악화시키므로 가격 통제나 조세를 통한 소득 재분배정책은 지양되어야 한다. 그렇다고 복지제도가 전혀 필요 없다는 이야기는 아니다. 어느 사회에나 생활 능력이 없는 장애인과 노약자, 부모 없는 아동들과 같은 도움을 필요로 하는 가난한 사람들이 있다. 그들을 지속적으로 도울 수 있는 복지정책은 필요하다. 그래서 복지제도는 보편적 복지가 아닌 가난한 사람들에 초점을 맞추는 선별적 복지로 가야 한다. 그래야만 가난한 사람들이 제한된 자원 하에서 제대로 된 도움을 받게 된다. 정부가 그들을 보호하는 튼튼한 사회안전망을 만들 필요가 있다.

참고문헌

성명재, 「소득분배구조의 추이와 조세·재정의 소득재분배」, 『세연』 07-10, 한국조세연구원, 2007.

안재욱, 「경제성장을 위한 기업가 정신과 기업 규제완화」, 『제도와 경제』 제8권 제3호, 2014.

______, 「소득양극화와 소득 불평등: 그 원인과 완화방안」, 『자유와 시장』 제4권 제4호, 2013.

______, 『얽힌 실타래는 당기지 않는다: 시장경제와 정부의 역할』, 삼성경제연구소, 2006.

안재욱 외, 『새경제학 원론』, 교보문고, 2012.

Adams, Jr. Richard H., "Economic Growth, Inequality and Poverty: Findings from a New Data Set," *World Bank Policy Research Working Paper 2972, February*, 2002.

Aghion, Philippe, Eve Caroli and Cecilia García-Peñalosa.,"Inequality and Economic Growth: The Perspective of the New Growth Theories," *Journal of Economic Literature*, vol. 37, no. 4, December, 1999, pp. 1615~1660.

Barro, Robert. "Inequality and Growth in a Panel of Countries," *Journal of Economic Growth*, vol.5, March, 2000, pp. 5~32.

Berggren, Niclas, "Economic Freedom and Equality: Friends or Does," *Public Choice 100*, 1999.

Braun, D., "Multiple Measurement of U.S. Income Inequality," Review of Economics and Statistics, vol. 70, August, 1988, pp. 398~405.

Djankov, Simeon, Caralee McLiesh, Rita Maria Ramalho, "Regulation and Growth," *Economics Letters*, vol. 92, Issue 3, September, 2006, pp. 395~401.

Duclos, J. Y., J. Esteban and D. Ray "Polarization: Concepts, Measurement, Estimation," *Econometrica*, vol.72, pp. 1737~1772, 2004.

Forbes, Kristin J., "A Reassessment of the Relationship between Inequality and Growth," *The American Economic Review*, vol. 90, no. 4, September, 2000, pp. 869~887. September.

Kuznetz, S., "Economic Growth and Income inequality," *American Economic Review*, vol. 45, pp. 1~28, March, 1955.

Mises, Ludwig von, Human Action, 4th ed. San Francisco, Calif.: Fox & Wilkes, 1996.

Norton, S.W., "Economic Growth and Poverty: In Search of Trickle-Down," Cato Journal, vol. 22, no. 2, 2002.

Persson, Torsten and Tabellini, Guido, "Is Inequality Harmful for Growth? Theory and Evidence", NBER Working Paper, No. 3599, January, 1991.

Piketty, Thomas, Capital in the Twenty-First Century, Cambridge, MA: The Belknap Press of Harvard University Press, 2014.

Voitchovsky, Sarah, "Does the Profile of Income Inequality Matter for Economic Growth?: Distinguishing Between the Effects of Inequality in Different Parts of the Income Distribution," Journal of Economic Growth, vol.10, 2005, pp. 273~296.

2장

기업가 정신의 관점에서 본 소득격차

민경국(강원대학교 명예교수 | 경제학)

우리는 분업과 교환이 원시 부족사회에서부터 지역이나 국가 전체로까지, 심지어 범세계적으로까지 확장된 사회에서 살고 있다. 이런 사회의 특징은 사유재산, 자유경제, 일부일처제, 법치를 특징으로 하는 자본주의 사회라는 점이다.

그런 자본주의는 폭발적인 성장과 물질적 풍요를 가져왔다. 이는 마르크스까지도 인정한다. 그러나 그 체제는 소득 불평등을 야기하는 치명적인 단점이 있고 재분배 과세 또는 규제를 통해 그런 격차를 교정해야 한다는 주장이 압도적이다.

그런 논리를 전개하는 소득격차 이론은 세 가지 종류가 있다. 하나는 한 사람의 소득 증가는 타인을 희생시킨 결과라는 믿음이다. 이는 석기시대 정신을 반영한 것인데 노동가치론을 기반으로 하여 그런 믿음을 이론화한 게 마르크스주의이다.

두 번째는 자본주의 사회는 능력, 재주, 상속, 자본과 같은 자원을 갖지 못한 사람은 늘 가난하고 그걸 가진 자는 항상 부자가 되는 등 가난과 부의 세습현상, 즉 '빈익빈부익부'를 특징으로 한다는 것이다.

마지막 세 번째는 선천적 능력, 재주, 상속 등과 같이 소득의 상당부분은 받아 마땅하지 않음에도 불구하고 시장경제는 그런 소득을 허용한다는 윤리적 문제이다

그런 세 가지 소득격차 이론의 종합된 핵심내용은 자본주의가 능력, 재주, 상속재산, 자본, 원료 등 개인이 가진 자원에 좌우되어 부의 축적을 무제한 허용하는 사회체제이기에 윤리적 정당성이 없다는 것이다.

그러나 그런 인식은 전적으로 틀렸다. 이 글의 핵심내용을 요약하면, 첫째 자본주의의 원동력은 기업가 정신과 경쟁임에도 자본주의에 대한 비판적 논리가 이들을 전혀 고려하고 있지 못하다.

그 원동력을 고려한다면 둘째 기존의 부자를 추격하거나 추월하려는 기업가적 경쟁을 통해서 부의 격차를 끊임없이 견제하여 분배를 개선하는 과정이 시장이라는 걸 직시해야 한다.

셋째 추격과 추월의 원동력으로서 기업가 정신을 발휘하는 데에는 재산수준이나 정규교육도 불필요하다. 따라서 이런 재산이 없거나 교육받지 못한 빈곤한 무산자를 부자로 만드는 게 기업가 정신이라는 점도 주지할 필요가 있다.

이 세 가지 핵심내용을 설명하기 위해서 우선 기존의 소득격차 이론의 치명적 결함을 밝힐 필요가 있다.

기업가 정신을 무시한 소득격차론

소득격차론의 치명적인 결함은 무엇인가? 한 사람의 소득 증가로 타인을 희생시킨 결과라는 믿음은 기업가 정신이 없는 폐쇄된 석기시대의 정신에서 비롯되었다는 걸 어렵지 않게 확인할 수 있다

능력, 재산, 자본, 상속 등 주어진 자원을 많이 가질수록 부자가 되고 그걸 적게 가질수록 가난하다는 양극화론도 소득은 기업가 정신과 독립적으로 자원 소유에 의해서 자동적으로 결정된다는 논리에서 비롯된 것이다.

소득의 상당부분은 불로소득이라서 개인이 소득을 가질 자격이 없음에도 시장경제는 그런 소득을 허용한다는 비판은 노동가치론에 기초한 마르크스의 착취론에 불과하다. 선천적 능력과 재주, 상속재산과 같은 노력 없이 받는 자원을 통한 소득 형성은 불로소득이라는 비판도 생산

을 주도하고 이윤기회를 포착하는 기업가 정신을 무시한 논리다.

석기시대의 정신과 소득격차

한 사람의 소득 증가는 타인을 희생시킨 결과라는 믿음이 타당한가? 그런 믿음의 원천은 무엇인가? 그런 믿음은 세대를 넘어 유전된 것, 원시부족의 정신 태도라는 프리드리히 폰 아우구스트 하이에크의 주장을 정밀하게 이론화한 진화심리학이 또렷하게 말해준다.

인류의 본능과 심리구조를 형성하던 환경은 제로섬 사회였다. 소규모의 그룹을 지어 수렵 채취로 살아가던 원시인들은 주어진 조건 속에서만 살았다. 한 사람이 더 가지면 다른 사람이 적게 갖는 척박한 삶이었다. 열매도 어느 한 사람이 많이 따 가면 나머지 사람들이 따 갈 게 줄어든다. 생산이란 개념이 없었다.

따라서 가진 것의 격차는 용서할 수 없었다. 이윤을 챙기는 것은 훔치거나 빼앗고 기만하는 결과로 이해됐다. 부의 축적은 착취나 권력의 남용에 기인한 것이라는 믿음도 그런 본능의 소산이다.

따라서 한 사람의 소득 증가는 타인을 희생시킨 결과라는 주장은 현대인의 본능에 남아 있는 석기시대의 정신구조를 가지고 현대사회를 평가한 결과이다. 대기업에 대한 반감을 가진 것도 수렵 채취 사회의 유물이다. 그런 반감은 낯설고 큰 그룹보다는 아는 사람들과 관계를 갖는 게 마음이 편하고 안전하다고 여기는 심성에서 생겨난 것이다 주목할 것은 석기시대의 폐쇄된 정신에게 경쟁, 기업가 정신과 같은 열린 정신은 생소하고 이들을 기반으로 하는 열린 사회의 소득 형성을 이해될 수 없다는 점이다. 부족사회의 정신구조를 가지고 소득의 불평등을 비판하는 것은 어울리지 않는다. 시장경제와 자유주의는 '자연인' 에게는 맞지 않기 때문이다.

자산 소유와 양극화론

소득격차를 설명하는 이론은 마르크스의 자본론을 비롯하여 신고전파의 균형이론, 프랭크(R. H. Frank)의 승자독식 이론, 칼도어의 부자의 저축과 자본축적 이론 등 다양하다.

그러나 그들은 공통된 특징이 있다. 그것은 최영백 교수가 정확히 지적하고 있듯이 소득분배를 결정하는 요인이 노동, 자본, 원료, 유산, 능력, 재주 등 자산의 소유라는 점이다.

투입요소로서 자원(노동, 자본, 원료), 생산방법, 생산할 재화도 주어져 있다. 소득분배란 그런 틀에서 주어진 재화를 생산하는 활동의 기능적 부산물로 여기는 게 양극화론이다 자산을 많이 가진 사람일수록 더욱 더 부자가 된다. 가진 사람은 양질의 교육을 많이 받을 수 있다. 그러나 갖지 못한 빈자는 교육을 받기도 어렵고 기술습득도 쉽지 않다.

가수, 패션모델, 배우, 운동선수 등에서 볼 수 있듯이 능력의 작은 격차가 소득의 큰 격차를 초래한다는 승자독식은 부의 불평등을 야기하는 요인을 능력과 같은 자원에 둔다.

자본수익이 경제성장보다 빠르게 증가하고 그래서 부의 불평등이 심화되는 이유도 스스로 증식하는 자본의 힘 때문이라고 주장하는 토마 피케티의 21세기 자본론도 자산 소유에 따른 소득격차론의 이론적 틀에서 벗어나지 못하고 있다

그러나 그런 소득격차론은 치명적이다. 시장경제의 추진력이 기업가 정신임에도 '기업가'가 없는 모델을 전제하기 때문이다.

불로소득

자본, 원료, 유산, 능력, 재주 등 자산 소유와 관련된 소득 불평등에서 흥미로운 건 그런 자원만 가지고 있으면 자동적으로 소득이 생겨난다고 여기는 것이다.

그런 인식도 기업가 정신이 빠져 있다. 자원을 가지고 있다고 해서 자동적으로 소득이 생겨나는 게 아니다. 그 용도를 발견하고 개발하고 찾는 활동, 이런 활동을 안내하는 기업가 정신이 필요하다.

중요한 것은 기업가적 발견이 소득을 가질 자격을 윤리적으로 정당화한다는 점이다. 발견자가 소유자라는 원칙이 생겨난 이유이다, 노임, 이윤, 자본소득, 토지소득 등 모든 소득은 기업가적 발견의 결과이고 그래서 불로소득이라는 게 없다.

소득격차를 견제하는 기업가 정신

기업가 정신은 시장경제의 추진력이고 소득의 형성과 소득의 윤리적 정당성을 말해준다. 이런 기업가 정신을 고려한다면 소득격차와 관련하여 어떤 인식을 얻을 수 있는가?

기업가 정신은 새로운 것, 타인들이 알아차리지 못한 기회를 포착하는 기민성이다. 따라서 첫째로 기업가는 앞서가는 인간이기 때문에 부의 격차를 야기할 수 있다. 그러나 다른 한편 기업가 정신은 혁신경쟁과 모방경쟁을 통해서 기존 부자의 자산을 줄이는 방향으로 작동한다.

둘째로 미제스가 강조하듯이 기업가 정신은 교육도, 커즈너가 주장하듯이 재산도 불필요하다. 따라서 소득격차는 자원 소유와도 독립적이다. 재산이 없는 사람도 부자가 될 수 있다는 말이다.

흥미롭게도 기존의 성공한 부자의 인지전략은 실패한 사람에 비하여 유연하지 못하다는 최영백의 주장을 받아들인다면 부자가 부를 지키는 것보다 가난한 사람이 부자가 되기 쉽다.

기업가 정신: 문화적 진화의 산물

이윤기회의 기민성이란 어떻게 유기체가 세상을 이해하고 파악하는가, 인간이 어떻게 자신의 자연적·사회적 환경에 관한 지식을 얻는가의 인지이론적 문제와 밀접한 관련성이 있다.

따라서 기업가 정신을 이해하기 위해서는 인지문제를 다루는 게 중요하다. 인간이 환경에 적응하기 위해서 그 환경을 인지하고 이해하고 해석할 정신적 도구가 필요하다. 하이에크는 그의 유명한 『감각적 질서』에서 그런 도구를 분류도구 인지틀이라고 말한다. 그게 우리의 정신인데 이는 이론(포퍼), 범주(칸트), 규칙(하이에크)으로 구성되어 있다. 이들을 통해서 환경에 대한 지식을 얻는다.

물리화학적으로 작동하는 우리 신경질서의 산물인 그런 정신적 수단은 생물학적 그리고 문화적 진화를 통해 습득된다. 주어진 인지틀로 세상을 해석하고 그에 따라 행동하지만 반복적으로 삶의 문제를 해결하지 못할 경우 의식적 또는 무의식적으로 인지틀은 변동된다.

소규모의 집단생활을 특징으로 하는 원시사회에서는 그런 인지틀이 생물학적으로 형성되었고 사람들 사이에 별로 차이가 없었다. 그래서 세상을 보는 관점과 해석이 동일했다는 게 진화심리학의 인식이다. 환경을 인지하고 해석하는 인지 도구, 정신적 연장들이 유사했다는 뜻이다.

따라서 기업가 정신이 타인들이 알아차리지 못한 이윤 기회를 포착하는 것이라고 말한다면 그것은 인지가 동일한 소규모 원시사회에선 의미가 없다. 호모 사피엔스의 뿌리를 형성했던 '진화적 적응환경'에서 기업가 정신이란 존재할 수 없었다.

오히려 앞서 나가는 걸 적대시했다. 튀는 행동, 혁신적 행동, 새로운 것에 대한 두려움이 지배했다. 경쟁도 없었다. 연대와 유대감이 그룹을 지배했다.

그러나 그런 사회를 극복하면서 개인들의 경험과 학습이 점차 이질적으로 변동되면서 개인들의 인지틀도 개인 각자에 고유하게 변동되기 시작했다. 동일한 환경에 대하여 사람들은 서로 다르게 해석했다. 그들 가운데에는 지금까지와는 다르게 사물과 세상을 해석하고 인지하는 사람들이 늘어났다. 그런 인지와 해석은 창조적이고 혁신적이다. 이는 남이 알아차리지 못한 이윤 기회의 발견이다.

따라서 주목할 것은 기업가 정신은 원시부족사회 공동체사회에서 근대적인 사회로 넘어오면서 새로이 등장한 인간적 요소라는 점이다. 그것은 이기심, 경쟁과 함께 문화적 진화의 결과라고 볼 수 있다.

추월·추격경쟁과 기업가 정신

진화적인 시장경제의 구성 원리는 경쟁이다. 1970년대 이후 프라이부르크학파를 이끈 호프만(E. Hoppmann)이 구분하듯이 경쟁과정은 두 가지로 나눌 수 있다. 하나는 수요자와 공급자의 교환과정이다. 이 과정에서 소비자의 욕구 충족에 성공한 기업이 부를 축적할 수 있다. 소비자의 구매력 획득에 실패한 기업은 부가 줄어든다.

다른 하나는 평행과정이다. 우리가 주목하는 이런 경쟁은 수요자를 향한 기업들의 경쟁이다. 이 과정에서 두 가지 경쟁과정이 등장한다. 하나는 혁신과정이고 다른 하나는 모방과정이다. 이 평행과정에서 부를 새로이 창출하는 과정과 함께 기존 부자의 부를 축소하는 과정이 등장한다. 이들은 모두 기존의 부자를 추격하거나 추월하는 과정이다.

경쟁과정은 부의 추격과정이면서 추월과정의 상호작용이다. 따라서 자본주의는 개인들의 부를 무한정으로 축적하는 과정이 아니라 부의 축적을 통제하고 견제하는 과정이라는 걸 직시할 필요가 있다.

어느 한 기업가가 새로운 상품을 개발하여 수요자들의 새로운 욕구를 충족하는 등 새로운 이윤기회를 발견한다면 그런 기업가의 혁신으로 그는 부를 축적할 수 있다. 그런 성공으로 실패한 경쟁자들의 부를 파괴한다. 그 결과 시장의 분배격차는 벌어질 것이다.

그러나 성공한 기업가의 부의 축적은 무한정으로 지속될 수 없다. 기존의 실패한 경쟁자들 또는 새로운 경쟁자들이 전열을 갖추어 경쟁에 나설 것이기 때문이다.

그런 경쟁자들이 대체상품을 개발하거나 생산비용을 낮추는 기술개발을 통해서 싼 값으로 상품을 공급하면 원래의 혁신 기업가의 삶이 더 이상 쉽지가 않다. 그의 기업가치가 줄어든다.

이와 같이 시장에서 모든 기업들은 그런 경쟁에 노출되어 있다. 현재의 부자도 늘 경쟁자들의 혁신경쟁과 모방경쟁에 노출되어 있다. 소비자의 욕구를 충족하는 데 성공한 기업가는 그 혁신과 모방으로 부를 축적한다. 그 결과는 두 가지이다.

첫째로 혁신과 모방을 통해서 성공한 기업은 원래의 부자의 부를 추격하여 부의 격차를 줄인다. 그런 혁신의 추격과정이 의미하는 바는 시장은 장기적으로 분배의 심화를 억제하는 힘이 있다는 점이다. 그런 추격과정은 커즈너가 말하는 이윤의 사회화 과정이라고 볼 수 있다. 점진적으로 그 새로운 지식들이 확산되어 사회의 대부분이 이용할 수 있다. 성장하는 경제는 분배와 충돌관계가 아니라는 뜻이다.

두 번째로 혁신과 모방을 통해서 원래의 부자의 부를 추월하여 부의 순위를 하락시켜 그 창업자는 새로운 부자가 된다. 추월과정이 의미하는 바는 가난한 자가 부자가 될 수 있다는 것이다.

작은 과학이 큰 과학에 손을 든다는 머튼의 '마태효과' 또는 "대기업은 기술혁신의 산실이고 그래서 중소기업이 대기업이 될 수 없다."는 슘페터의 주장도 옳지 않다. 음악의 장르들이 다양하여 서로 경쟁하듯 승자독식이라는 말은 타당하지 않다.

추격과정, 추월과정은 무한정 부의 축적이 가능한 것이 아니라 시장의 경쟁을 통해서 견제된다는 것을 말해준다. 따라서 시장은 무한정으로 부의 축적을 허용하지 않는다. 부의 축적을 견제하는 게 시장이라는 걸 직시할 필요가 있다.

프롤레타리아를 부자로 만드는 기업가 정신

기업가 정신이 유익한 기회, 새로운 지식의 발견이라고 한다면 부자가 이윤 기회를 실현하는 데 이점이 있는가? 부자, 즉 가진 자가 빈자, 즉 갖지 않은 자보다 부의 축적에서 유리한가? 이윤기회를 발견할 능력 개발을 위해서는 교육도 필요한 게 아닌가? 그렇다면 재산도 없고 양질의 교육받을 돈도 없는 가난한 사람이 부자가 되기는 이미 틀린 게 아닌가?

이 문제와 관련하여 흥미로운 건 세 가지이다. 커즈너의 생각, 미제스의 생각, 최영백의 생각이다

1) 커즈너는 기업가 정신이 재산 소유와 아무 관련이 없다고 본다. 물론 그 기회의 실현을 위해 불가분 자본이 필요한 것은 사실이다. 그래서 슘페터, 홀컴, 살레르노 등은 이윤획득이 실제로 자원 투입과 연

결되어야 한다고 주장하여 커즈너의 기업가 정신은 불완전하다고 주장한다. 김이석이 이미 밝혀냈듯이 로스버드도 자원 소유를 중시하고 있다.

그러나 저렴한 필요자원을 발견하는 것 그 자체도 기업가 정신의 소관으로 여기기 때문에 그 같은 자원 소유가 기업가 정신의 전제조건일 수 없다.

2) 미제스는 기업가 정신에는 교육도 불필요하다고 주장한다. 기업가는 시장에서 사고파는 생산요소로서 경영과도 관련이 없다. 기업이 성공하기 위해서는 경영대학을 졸업할 필요가 없다. 필요한 건 날카로운 비판, 예측, 판단, 직관이다.

그런 기업가 정신은 미지의 것을 발견하는 것이므로 알려진 것을 가르치는 교육과 무관하다. 경영학 교육은 경영자가 되는 교육일 뿐이다. 경영자의 보수가 노임의 성격을 갖는 이유다.

이와 같이 기업가 정신은 자금이나 교육을 전제한 것이 아니므로 돈 없고 교육을 받지 못한 사람도 부자가 될 수 있다. 사회적 이동성, 즉 가난한 자가 부자가 될 수 있는 것도 기업가 정신 때문이다. 무산자(프롤레타리아)도 부자가 될 수 있고 또한 현재의 부자가 부를 축적하는 데 필연적인 이점이 없다는 뜻이다.

따라서 가난한 집안에서 태어나 배우지 못했어도 거부가 된 자수성가한 사람들이 아주 많은 것은 결코 우연이 아니다. 고(故) 정주영 명예회장이대표적이다. 미국의 스타트업 관련 전문기관이 시대를 대표하는 세계 각국 100명의 빌리어네어를 분석했더니 이 가운데 자수성가한 인물은 73명이었다. 이들 가운데 아주 가난한 집 출신에 대학도 나오지 않은 '고도 자수성가형' 부호는 총 8명이었다.

3) 최영백은 현재의 부자가 기업가 정신에서 큰 이점이 없다는 걸 인지이론적으로 설명하고 있다. 사람들은 어떤 특정의 사업방식으로 성공했으면 그런 일반적인 방식에서 이탈하려고 하지 않는 보수적 성향이 있다는 게 최영백의 인식이다. 그래서 유익한 기회를 간과하기 쉽다는 것이다.

이에 반하여 실패한 사람, 덜 성공적인 사람은 다양한 접근법들을 찾아서 실험하는 경향이 있다는 게 최영백의 주장이다. 그래서 학교 중퇴자, 소수파 이민자들이 흔히 그렇듯이 그런 사람들이 부자로 성공할 가능성이 크다는 것이다. 추격과정과 추월과정이 매우 효과적이라는 뜻이다.

따라서 가난한 사람이 부자가 되고 부자가 가난한 사람이 되는 사회적 이동성이 큰 게 자본주의의 특성이다.

자본은 빈익빈부익부의 원흉이라는 토마 피케티의 『21세기 자본』(2015)은 돈이 없고 교육 받지 못한 가난한 사람도 부자가 되도록 하는 기업가 정신을 고려하지 못했기에 쓸모없는 책이 되었다. 부의 축적이 무한정이라는 그의 주장도 틀렸다. 기업가 정신은 한편으로는 부를 창출하지만 다른 한편으로는 경쟁자들의 부를 줄이는 역할을 하기 때문이다.

소비 패턴을 평준화하는 기업가 정신

우리가 확인하는 것은 시장사회에는 소득 불평등을 억제하려는 힘이 작용한다는 점이다. 이런 힘은 소득의 분배에서만 작용하는 것이 아니다. 가난한 계층과 부유한 계층이 이용하는 재화들의 질적 또는 기능적 차이도 적어진다.

자본주의에는 소비 불평등을 억제하는 힘도 작용한다. 과거에는 임금님 수라상과 하층민의 식탁은 완전히 달랐다. 오늘날에는 청와대 식탁이나 서민층의 식탁 사이에 차이가 별로 없다. 시장경제가 발달할수록 이런 평등화의 힘이 강력해지고 평등화의 시간적 갭도 더욱 더 단축된다.

어떻게 이런 과정이 자본주의에서 발생하는가? 자본주의 시장에서는 대부분의 사람들에게 이용 가능한 재화와 서비스의 범위 그리고 질을 확대하는 힘이 생겨난다. 제품 가격의 인하와 품질개선을 통해서다. 생산기술의 발전을 통한 대체재의 개발, 대량생산 때문이다.

이 과정은 다음과 같이 기술할 수 있다. 즉 상품이 처음으로 개발되어 시장에 공급될 경우 값이 비싸다. 이런 비싼 상품은 아무나 구입하기가 어렵다. 대부분의 구매자는 상류층에 속한다. 그래서 처음에는 모든 상품은 사치품이다. 그런데 상류층의 호응을 받은 그 상품을 혁신자 자신이 더 많이 더 싼 값으로 공급하게 된다.

다른 한편 모방하려는 경쟁자가 등장하여 대체상품, 또는 유사상품을 개발한다. 이로써 상품가격이 하락한다. 경쟁자들은 상품의 질을 개선하려고 노력한다. 상품의 가격도 싸지고 품질도 훌륭해진다. 이제는 상품의 수요계층이 상류층에서 중산층으로, 그리고 하류층으로 점차 확대된다.

이런 확대과정이 상류층의 독점물이었던 재화가 일반대중이 사용할 수 있는 상품으로 전환되는 과정이다. 이 과정은 공급자들이 이윤을 획득하기 위한 경쟁과정의 자동적인 산물이다. 상품의 대중화 과정을 신속하게 하는 메커니즘도 시장경제의 내부로부터 형성된다. 상품과 서비스에 관한 정보전달 기술과 그들의 유통 기술의 발달이 그것이다. 자유시장 경제의 지혜가 아닐 수 없다.

상류층의 독점물이었던 상품이 일반대중의 상품으로 된 예를 들면 라디오, TV, 컴퓨터, 자동차 등이 그것이다. 이것뿐만 아니다. 농산물의 경우, 과거에는 상류층만 겨울에 수박이나 참외와 같은 여름과일을 먹을 수 있었다. 그러나 오늘날에는 일반대중도 이런 과일을 겨울에도 소비할 수 있다.

상류층의 전유물이던 궁중음악, 오페라가 이제는 모든 사람들이 접근할 수 있는 재화가 된 지 오래다. 이뿐만이 아니다. 교통 및 통신수단, 오락, 각종 편의품들도 처음에는 한정된 소량만 생산 가능했다. 약품과 치료방법의 대중화도 마찬가지이다.

따라서 자본주의는 가난한 사람을 더욱 가난하게 만든다는 말은 삶의 패턴의 관점에서도 옳지 않은 말이다. 자본주의야말로 소비 패턴의 평준화를 가져오는 현상이다.

이런 소비의 평준화 과정이야말로 진정한 평준화의 위력이 아닌가?

봉건사회에서와는 전혀 다른 것이 자본주의 사회이다. 봉건사회에서 하류층은 고작해야 상류층이 쓰고 버린 것만 사용할 수밖에 없다. 소비생활, 삶의 질이 영원히 불평등하다. 봉건사회만이 아니다. 사회주의 계획경제도 마찬가지이다. 정치적 권력자와 그 주변의 소비 패턴은 하류층 피지배자의 소비 패턴과 영구적으로 다르다. 그러나 소비생활과 삶의 형태를 평준화시키는 것, 이것이 자본주의이다. 그것도 상향평준화이다. 자유사회의 지혜가 바로 이런 것이다.

게다가 일반대중은 상류층이 구입하던 것보다 싼 값으로 공급받을 뿐만 아니라 전보다 훨씬 더 개선된 양질의 제품을 이용할 수 있다. 상류층에게는 열악한 품질의 재화를 비싸게 사게 했다가 나중에는 하류층에게는 고품질의 상품을 싸게 사게 만드는 것, 이것도 일종의 평준화 아닌가! 빈곤층이 품질 좋은 상품을 값싸게 사용할 수 있는 것은 부자가 희생한 덕택이다. 요컨대 소득의 불평등이 존재한다고 해도 그것이 삶의 스타일까지도 불평등하다는 것을 의미하는 것이 아니다. 소득분배에서처럼 돈이 중요한 것이 아니라 재화에 대한 접근이 더 중요한 것이 아닌가!

소비의 평준화란 넓게 말해서 삶의 양식이 상류층이나 하류층이나 유사해져 간다는 것을 의미한다. 이것도 역시 평준화를 의미한다. 이것이 공개된 경쟁을 기반으로 하는 자유사회의 지혜이다.

소유를 정당화하는 기업가 정신

자본주의에 대한 비판은 소득의 상당부분이 불로소득이라서 정의롭지 않음에도 불구하고 시장경제가는 그런 소득을 허용한다는 것이다. 이런 인식의 바탕에는 자본, 원료, 유산, 능력, 재주 등 그런 자원만 가지고 있으면 자동적으로 소득이 생겨난다는 믿음이 있다.

그러나 소득을 위해서는 그런 자원의 용도, 시장화 가능성 등의 발견이 먼저 전제되어야 한다. 그 발견의 역할을 수행하는 게 기업가 정신이다.

노동가치론에 기초한 마르크스의 착취이론은 생산 그 자체의 유용성을 발견하고 생산을 만들어내는 기업가 정신을 무시하고 있다.

상품은 자연에 노동을 혼합한 결과라는 리카도의 노동가치설도 노동을 가미하기 전에 노동을 투입하는 게 유익한가를 발견하는 과정을 무시한 것이다. 토지 소유가 자동적으로 소득을 낳는다는 헨리 조지의 토지론, 자본이 스스로 증식된다는 토마 피케티의 자본론 등도 토지의 이용과 자본의 유익한 용도를 발견하는 기업가 정신을 무시한 결과이다.

타고난 재주, 출신 배경에 의해 형성된 재산의 개인 소유는 정의롭지 못하다고 주장하면서 자본주의 불평등을 개탄했던 존 롤스의 사상도 기업가 정신을 무시한 주장이다. 타고난 재주가 무엇인지 찾아 이를 개발하고 이용할 방도의 발견과정을 무시한 것이다.

중요한 것은 기업가적 발견이 소득을 가질 자격을 윤리적으로 정당화한다는 점이다. 발견자가 소유자라는 원칙(finders-keepers rule)이 생겨난 이유이다. 노임, 이윤, 자본소득, 토지소득 등 모든 소득은 기업가적 발견의 결과이고 그래서 불로소득이라는 게 없다.

3장

비교우위로 본 격차들

김이석(시장경제제도연구소장)

격차, 격차들

우리는 격차라는 말을 쓴다. 이 격차라는 것은 비교가 가능한 하나의 차원에서만 유효하다. 예를 들어 우리는 갑돌이와 갑순이의 키를 비교해서 둘 사이에 키에 격차가 있다고 말할 수 있다. 혹은 다른 차원에서, 예를 들어 암산 속도 차원에서 갑돌이와 갑순이 사이에 격차가 있다고 말할 수 있다.

그냥 '차이'가 아니라 '격차'라고 말하는 것으로 보아 아마도 그 차이가 용인할 수 있는 수준을 넘어서고 있다는 의미가 들어 있고 이를 해소하는 것이 바람직하다는 생각이 숨어 있는 것 같다. 그러나 '격차'라는 용어를 쓰면서 정확하게 어떤 기준에서 용인할 수 없는지에 대한 논의는 없다. 다만 최소치와 최대치의 차이가 몇 배 이상이 나고 있다는 식으로 표현한다. 예를 들어 최고소득이 최소소득의 몇 배 이상이라고 언급하는 정도이다. 그렇게 말함으로써 간접적으로 그 차이가 심하게 나고 있다는 인상을 주려고 애쓰는 게 보통이다.

사실 오래 전에 이미 차이에 대한 정당성을 부여하거나 혹은 차이를 불의한 것으로 보는 네 대한 논의는 많이 있었다. 그것을 정당하게 얻었는지에 대한 논의가 그것이다. 예를 들어 로크, 노직, 로스버드 등에 의한 무주물(無主物) 선점의 설명이 대표적이다. 무주물에 대한 선점을 통한 획득은 그 누구의 신체나 재산을 침해하지 않았다는 점에서 정당화될 수 있다. 그리고 자신이 소유할 정당성을 가진 것을 다른 사람들에게 자신의 자발적 의사에 의해 넘겨주는 것도 그 누구의 신체나 재산을 침해하지 않는다. 이런 것을 어기고 번 것이 아닌 한, 정당화될 수 있다.

예를 들어 소득이나 재산에서의 차이에 대한 위와 같은 방식의 정당화나 더 나아가 이윤에 대한 커즈너와 같은 방식의 정당화가 가능하다. 그러나 조금 각도를 달리해서 여러 차원들에서 개인 사이의 차이들이 서로가 도움을 주고받을 수 있는 기초라는 사실은 그 중요성에 비해 별로 강조되지 않고 있다. 여기에서는 격차가 필연적으로 비교우위를 만들고 이것이 서로 협력하게 하는 기초적 조건임을 설명하고자 한다. 이것이 사회와 시장이 형성되는 기초 원리이며 더 나아가 문명과 인구 증가 등에 깔려 있는 원리라는 것이 이 글의 주제이다.

각 개인들은 하나의 차원 이상에서 서로 다르다. 우리는 모든 차원에서 완전히 똑같은 개인들을 상상할 수 없다. 그것은 개성(individuality)의 상실을 의미하기 때문이다. 같은 부모 밑에서 탄생한 일란성 쌍둥이라 할지라도 성장하면서 최소한 몇 가지 측면에서는 서로 달라질 것이다. 사실 모든 면에서 똑같다면 개인들은 볼트나 너트처럼 취급될 것이고 개체성을 상실해서 누가 사라지더라도 이를 실감하기조차 어려울 것이다. 심지어 슬퍼할 이유도 별로 없어질 수 있다. 이런 세계에서는 서로가 서로에 대해 완벽한 대체물에 불과할 것이다.

그래서 개성을 가진 인간은 결코 모든 차원에서 평등할 수 없다. 개인들은 단지 평등하게 자유로울 수 있을 뿐이다. 물론 혹시 실제로 특정한 몇 가지 차원들에서 똑같은 개인들을 상정할 수 있다고 하더라도 또 다른 차원, 예를 들어 어디에 위치하고 있느냐와 같은 입지적 차원을 도입하는 순간 두 사람은 서로 다르게 된다. 모든 면에서 똑같은 두 사람 중 한 사람은 농산물이 풍부한 곳에 살고 있고, 또 다른 사람은 해산물이 풍부한 지역에 산다면 사는 곳이라는 차원에서 달라진다. 사는 곳의 특징이 다른 만큼 이제 다르게 볼 여지가 발생한다.

이런 입지적 차이는 시간이 갈수록 두 사람의 고기잡이 실력과 농업의 기술을 크게 달라지게 만들 것이다. 다시 말해 개성이 발달해 갈 것이다. 특히 두 사람이 거래를 통해 한 사람은 농업, 다른 사람은 어업에 전문화되어 서로 쌀과 물고기를 교환하면서 산다면 그런 차이는 더 심화될 것이다.

애덤 스미스는 이런 다양한 차이들로 인해 서로 도움을 주는 교환을 할 수 있고, 이것이 전문화로 이어진다는 것을 인식하고 있었다. 그가 내세운 것은 주지하다시피 절대 우위(absolute advantage)의 논리이다. 내가 주어진 시간에 물고기를 더 많이 잡고, 다른 사람이 똑같이 주어진 시간에 나무열매를 잘 딴다고 해보자. 물고기와 나무열매가 인간의 식탁에 모두 필요하다면, 나는 나무열매를 따는 데 시간을 배분하기보다는 내가 더 잘 하는 물고기 잡기에 최선을 다한 후 이를 다른 사람이 딴 나무열매와 교환하는 것이 서로에게 유리하다. 물고기 잡기 차원에서 나와 그는 격차가 있다. 열매 따기 차원에서도 나와 그는 격차가 있다. 그러나 여기에서 끝이 아니다. 이런 격차들이 바로 교환으로 서로 이득을 얻을 수 있는 가능성을 열기 때문이다. 어떤 면에서는 그 차이가 클수록 서로가 교환을 통해 얻을 수 있는 이득도 커진다. 이렇게 교환함으로써 두 사람은 생존을 위해 필요한 물자를 얻는 데 서로 협력하는 셈이다.

물론 이런 분업의 논리는 내가 그보다 물고기 잡기뿐 아니라 열매 따기도 더 잘하는 경우에도 작동한다. 이 경우에는 상대적 우위가 있는 분야에 전념하고 생산물을 교환하는 것이 두 사람이 두 가지 일을 모두 할 때보다 더 많은 물고기와 열매를 얻을 수 있다. 이것이 경제학에서 가장 중요한 원리인 비교우위의 핵심적 내용이다.

우리가 하나의 차원에서 개인들 사이의 차이 혹은 격차만을 비교해서는 이런 상호협력의 가능성을 인식할 수 없다. 다르게 말하면 우리는 서로 다른 것이 얼마나 다행인지 잘 인식할 수 없다. 격차에 대해 불만을 말하게 되고 어느 정도로 이것을 줄일 것인가에 우리의 관심을 모으게 된다. 우리가 물고기를 잡는 능력에 사람마다 차이가 있다는 사실, 그리고 열매따기를 하는 능력에도 사람마다 차이가 있다는 사실, 그리고 경우에 따라 어떤 사람은 둘 다 다른 사람보다 우월하다는 사실, 이것을 각각 따로 이야기해서는 비교우위에 따른 노동의 분업(division of labor)의 개념과 그것의 강력한 힘에 대해 제대로 이해할 수 없다. 이것들을 모아 놓고 보아야 우리가 서로 다르다는 점에서(심지어 모든 면에서 열등하더라도 비교우위의 측면에서 서로 다르다는 점에서) 서로 교환을 통해 이득을 주고받을 수 있는 길이 열린다는 것을 깨달을 수 있다.

우리가 서로 다르다는 것은 자연이 우리에게 준 변경할 수 없는 사실이다. 우리는 이 사실을 바람직하지 못한 현상으로 보고 개인에게 책임을 물을 수 없는 격차를 줄이고자 노력하는 것을 좋게 보기도 한다. 그러나 우리는 우리가 서로 다르다는 것을, 즉 격차들이 있다는 것은 축복임을 깨달을 필요가 있다. 우리가 서로에게 도움이 될 수 있는 까닭은 바로 격차가 있기 때문이다. 경제학에서의 비교우위와 노동 분업, 그리고 전문화에 대해 생각해 보고 비교우위의 원리를 사회형성의 원리로 확대하여 인간 사회(관계)의 형성까지 이해할 수 있는 것이 바로 이런 어울림의 깨달음을 얻기 위한 중요한 개념들이다.

비교우위

이런 비교우위를 미제스는 다음과 같이 설명하고 있다.

> 국제적 노동 분업의 이론은 고전파 정치경제학(Political Economy)의 가장 중요한 기여들 중 하나다. 그것은 나라들 사이에서 어떠한 이유로든 자

본과 노동의 이동이 금지되어 있는 한, 지리적 노동 분업을 지배하는 것은 절대적인 생산비가 아니라 상대적인 생산비라는 것을 보여주었다.

국제무역의 비교우위 이론은 사실 개인들 사이의 분업에 그대로 적용될 수 있다. 우리는 어린 시절 어머니로부터 자신보다 더 나은 사람들과 어울리라는 말을 듣기도 한다. 그래야 배울 게 있다는 의미에서이다. 서로 협력해서 무엇인가 생산할 경우에도 이런 식으로 생각하는 것이 일반적이다. 그러나 비교우위 이론은 자신보다 모든 면에서 열등한 사람들과 함께 일해도 서로에게 도움이 된다고 말하고 있다. 단 각자가 상대적으로 잘하는 일에 전문화되어 있다는 조건만 충족시키면 말이다.

경제학원론 교재에 가끔씩 나오는 이야기를 이용해서 비교우위를 설명해 보면 이렇다. 변호사 리카도와 타이피스트 메리를 상상해보자. 변호사 리카도는 타이피스트 메리보다 변호도 잘하고 타이핑도 두 배로 빠르게 친다. 그런데 리카도는 변호를 하면 한 시간당 10만원을 벌고 타이핑을 하면 시간당 1만원을 번다.

메리의 타이핑 속도가 리카도보다 느리기 때문에 리카도가 직접 타이핑할까? 그가 1시간 타이핑한다면 메리에게 2시간 동안의 타이핑을 시키지 않고 2만원을 주지 않아도 될 것이다. 그러나 그는 1시간 동안 변호로 벌었을 10만원을 잃은 셈이다. 2만원을 절약하기 위해 10만원을 날린다? 그는 직접 타이핑하지 않고 메리에게 타이핑을 맡길 것이다. 노동 분업은 리카도와 메리 모두에게 이익을 가져다 준다.

그래서 "재주가 덜하고, 능력이 덜하고, 근면성이 덜한 개인들과 함께 협력하는 사람도 더 재주 있고 더 유능하며 더 근면한 사람과 협력하는 사람과 똑같이 이득을 얻는다. 노동 분업의 이익은 상호적이며, 그것은 고립적인 개인이라면 결코 수행할 수 없는 일을 하는 경우에만 한정되지 않는다." 즉 큰 동물을 사냥하는 것은 혼자서는 불가능하다. 그래서 일시적인 협동을 통해 대개 누구는 사냥감을 몰고, 누구는 덫을 놓거나 사냥감을 쏘는 식으로 분업을 해서 사냥한다. 혼자서 할 수 있는 타이핑과 변호에서도 이런 노동 분업을 통한 협력의 길은 열려 있다.

미제스의 어울림의 법칙

여기에서 미제스는 리카도보다 한 걸음 더 나아간다. 노동 분업을 통한 협력의 가능성은 사람들 사이에 유대를 만들어낸다는 것이다.

> 노동 분업 하에서 일의 생산성이 더 크다는 것은 통합하는 효력을 발휘한다. 그것은 사람들로 하여금 서로를 생존 투쟁의 경쟁자(competitor)들이라기보다는 복지를 위한 공동 투쟁의 동료(comrade)들로 여기게 만든다. 그것은 적들로부터 친구들을, 전쟁으로부터 평화를, 개인들로부터 사회를 만들어낸다.

미제스는 이런 과정을 어울림의 법칙(law of association)이라고 불렀다. 사회화의 법칙이라고 불러도 좋을 미제스의 이 법칙은 개인이 원자화되지 않고 왜 서로 관계를 맺으며 어울려 살아가야 하는지를 보여준다. 그런 어울림의 법칙이 실행되는 시장사회는 강자가 약자를 먹어치우는 약육강식의 정글이 아니라 다른 사람들, 즉 사회가 각 개인들에게 자신의 목적(행복)을 추구할 수단을 더 많이 확보할 수 있게 해 준다. 서로가 서로에게 더 좋은 수단이 되어 줄 수 있는 독특한 사회가 형성된다. 교환경제를 의미하는 카탈락시(catallaxy)가 '적을 친구로 만든다.'는 어원을 가지고 있는 것도 우연이 아니다.

생산물의 획기적 발달은 전문화와 교환, 화폐의 등장을 감안할 때 이해할 수 있다. 앞에서 미제스가 제시한 비교우위의 원리를 이해하기보다 리카도와 메리 사이의 화폐로 환산한 사례가 더 이해하기 쉬운 것도 화폐의 등장이 가져온 정보전달의 능력과 관련 있다. 그리고 이런 전문화에 따른 획기적 생산의 증가 덕분에 우리는 과거에 왕들이 누리지 못하는 것들까지 누리고 산다.

예를 들어 우리는 여름에 냉커피나 얼음을 넣은 음료를 당연한 듯이 마시고 있다. 그러나 이런 '사치'는 아무나 누리던 것이 아니었다.

> 급사가 귀중해 보이는 물건을 싸 들고 질풍처럼 말을 달려 다른 급사에게 전해 주면 (중략) 식으로 중국 북부를 거쳐 베이징, 결국 황제의 궁에 도착한다. 산 정상에서 먼 여정을 거쳐 힘겹게 운반된 물건은 다름 아닌 황제의 음료를 차갑게 할 얼음이었다. (중략) 나는 냉장고 문만 열면 언제든 얼

음을 얼마든지 꺼낼 수 있다. (중략) 나는 적은 봉급으로 살아가는 젊은이였지만, 내 삶의 물질적 수준은 중국의 권력자 황제보다 확실히 더 높았다. 나는 겨울에 더 따뜻하고(중앙난방) 여름에 더 시원하며(에어컨), 더 많고 좋은 정보를 더 빨리 믿을 만한 곳에서 얻을 수 있고, 원하는 곳에 더 빨리 편안하게 갈 수 있다. 고통을 덜 느끼면서 더 짧은 시간 안에 더 좋은 의료 서비스를 받을 수 있다. 더 선명하게 멀리 볼 수 있고(다초점 렌즈), 더 좋은 치아를 가지고 있고(불화물), 노보카인을 쓰는 치과의사의 진료를 받을 수 있다. 비잔틴 황제는 노래를 불러줄 황금 새를 가지고 있었지만, 나는 (중략) 스위치만 누르면 말 그대로 수백 명 가수들의 노래를 들을 수 있다.

이것은 미국에서 평범한 수준의 소득을 얻던 사람의 이야기이지만 우리나라의 평범한 사람들도 이 정도는 즐기고 산다. 종기가 나면 죽을 수밖에 없었던 과거의 왕에게는 없던 항생제도 그런 일례가 될 것이다.

화폐의 발달은 각 재화들의 교환을 물물교환이 아니라 재화와 화폐의 교환으로 대체한다. 이에 따라 각 재화들은 화폐가격을 가지게 되었다. 물물교환에서는 서로가 유리한 교환 기회가 있는지 여부를 쉽게 알기 어려웠지만, 이제 화폐가격이 있기 때문에 그런 것을 쉽게 알 수 있게 되었다. 이것이 소위 가격의 정보전달 기능이다.

여기에 우리는 애덤 스미스의 통찰, 즉 "노동 분업의 정도는 시장의 크기에 의해 제한된다."는 사실과 함께 화폐의 등장이 시장의 크기를 획기적으로 높였다는 사실을 동시에 상기할 필요가 있다. 그렇게 보면 시장의 확대가 전문화를 심화시키고, 전문화에 따라 더 높아진 노동생산성은 전문 생산자들 사이에 교환을 통한 상호협력의 가능성을 높인다. 시장의 확대와 전문화의 심화가 서로 강화해 나간다.

이 사실을 애덤 스미스가 노동 분업의 이익을 설명하기 위해 제시한 핀 공장 사례를 통해 설명해 보자. "혼자서 모든 공정을 도맡아 핀을 생산한다면 하루에 20개도 만들기 어렵다. 그런데 이것을 18개 공정으로 나누어 18명이 하나의 공정을 맡아 생산하면 1일 생산량이 4,800개로 늘어난다. 공정을 나누면 1인당 약 267개를 생산할 수 있다. 약 13배의 노동생산성 증가가 가능하다." 그러나 하루에 핀을 20개보다 많이 팔 수 없다면, 이런 공정과정의 분업은 의미가 없다. 시장이 커져서 하루 수천 개 팔 수 있을 때 비로소 공정과정의 분업이 의미를 가질 수 있다.

달리 말해 자유무역이 가능하지 않다면 스위스에서 가장 저렴하게 밀을 생산할 수 있는 방법은 개발된 밀 농사법 가운데 저렴한 방식을 택하는 정도이다. 그런데 이제 자유무역이 가능해지면 스위스에서 밀을 가장 저렴하게 생산하는 방법은 시계를 제조하는 것으로 변화한다. 이는 개인들 사이의 거래관계에서도 마찬가지이다. 어떤 한 사람이 전문적 직업에 몰두할 수 있는 것은 그 서비스를 판매함으로써 자신에게 필요한 다른 것들을 모두 구할 수 있기 때문이다.

문명, 인구증가,
완전한 개성의 실현

이런 전문화와 교환에 따른 생산성의 획기적 증가의 첫 번째 결과는 인구증가였다. "노동 분업이 시장의 크기에 의해 제약을 받듯이 인구는 총생산에 의해 제약을 받는다. 산업혁명의 괄목할 측면은 바로 생활수준의 향상뿐만 아니라 엄청나게 늘어난 인구였다. 북아메리카의 땅은 500년 전에는 단지 100만 명 정도의 인디언들을 겨우 먹여 살리는 규모에 불과했다."

이런 전문화 속에서 인간의 육체적 능력을 뛰어넘게 해주는 기계들이 발명되고, 여가가 발생하면서 우리가 문명이라고 부르는 것들이 가능해지게 되었다. 먹고 살기 급급할 때 그런 여가는 불가능했다. 문명이 다시 생산성을 획기적으로 증대시켰고, 이는 무엇보다 높아진 생활수준을 누리는 엄청난 인구 증가로 귀결되었다.

그렇기에 이런 발전을 물질문명이라고 부르면서 산업혁명 이전의 원시적 삶을 정신적인 것으로 동경하는 것은 많은 문제를 안고 있다. 사실 물질문명에 대한 비판은 다양한 차원에서 제기되지만 이런 주장의 실제적 내용은 결국 노동 분업을 철폐하라고 요구하는 셈이 된다. 노동분업의 철폐 주장은 단순히 지금보다 약간 낮은 수준의 생활을 누리면서 노동 분업에서 야기되는 부정적 측면을 제거하자는 정도의 주장이 될 수 없다. 그것은 지금 인구의 절반 이상을 없애자는 것과 같은 과격한 주장과 다를 바 없다는 사실을 잘 이해할 필요가 있다. 그런 점에서 루소식으로 "자연으로 돌아가라."고 외치는 것은 실은 비인간적인 것이다. 실제로 사람들은 지금의 문명과 인구를 가능하게 한 부분이 무엇인지를 잘 생각하지 않은 채 이런 '낭만적인' 철없는 주장을 펴기도 한다.

여기에 대해 대표적 자유주의자의 한 사람인 로스버드는 우리에게 (원시 자연상태의) 삶이 "너무나 끔찍하고, 야수와 같고, 짧다(nasty, brutish, and short)."는 홉스(Hobbes)의 유명한 말을 되새겨 보고, 자연에 대한 과학적 이해가 결여되다 보니 벼락을 신이 노한 것이라고 생각하며 공포 속에서 산 재물을 바치거나 마법에 의지하고자 했던 원시인의 불안정한 삶을 떠올려 보라고 말한다. 인류학자들의 연구에 따르면 원시부족들의 마법도 정신적인 것을 기원하던 것이 아니며 더 많은 생산을 기원하는 지극히 물질적인 것이었다.

노동 분업이 인간 소외의 원천이므로 없애겠다고?

노동 분업이 전문화를 통해 개인들이 그들의 개성을 실현해 나가는 길이라고 보는 관점이 있는 반면, 이와는 완전히 반대로 인간 소외의 원천이라고 보는 관점이 있다. 사실 이런 노동 분업에 비판적인 관점들은 대개 우리 문명의 발전과정에서 비교우위와 교환, 화폐의 등장이 가지는 의미를 제대로 이해하지 못한 채 제기하는 철없는 것이 대부분이다. 개인들로 하여금 그들이 지닌 인간적 능력들을 골고루 '조화롭게' 모두 발전시켜야 한다는 소위 전인교육(全人敎育)의 관점도 정도의 차이는 있지만 노동 분업에 대해 적대적인 경우가 많다. 이런 이론들은 대개 자본주의가 물질적 풍요를 가져왔다는 사실은 인정하지만, 그것이 인간을 '소외'시켰다고 본다.

마르크스의 소외 이론에 따르자면 결국 그런 소외를 없애기 위해 노동 분업을 철폐해야 한다. 로스버드에 따르면, 마르크스의 소외 이론은 외로움(apartness)이나 불만족(discontent)과 같은 심리적 요소와는 관련 없으며, 그 핵심은 노동 분업 아래에서 노동자들이 자신이 생산한 것을 거의 소비하지 않게 된다는 것을 의미했다. 그는 그가 생산한 것을 가지고(상품) 화폐로 임금을 받고 그것으로 다른 사람들이 생산한 것 가운데 즐겁게 자신이 필요한 것들을 구매한다. 마르크스로서는 자신이 생산한 것을 자신이 소비할 수 없다는 것이 말하자면 자본주의의 악(惡)이다.

그래서 마르크스는 그의 공산주의 이상이 "개인들을 노동 분업 아래 예속시키는 것이 사라진 후"에야 비로소 나타날 것으로 예견하였다. 마르크스에게 이상적인 공산사회는 "모든 사람이 모든 것을 하는" 곳이다. 그래서 마르크스는 『독일 이데올로기』에서 다음과 같이 이상향을 설명하고 있다.

> 공산주의 사회에서는 아무도 배타적인 활동 분야를 가지고 있지 않으며, 각자는 그가 원하는 어떤 분야에서고 성취를 이룰 수 있다. 사회가 일반적 생산을 규제하고 그래서 내가 오늘은 하나의 일을 하고 내일 다른 일을 하는 게 가능하다. 내가 생각한 것 그대로 사냥꾼, 어부, 양치기 혹은 비판가가 되지 않으면서도 아침에 사냥을 하고, 오후에는 낚시를 하며, 저녁에는 가축을 돌보고, 저녁식사 후에는 비판을 쓰는 것을 가능하게 한다.

사실 노동 분업을 철폐하여 모든 것을 자급하면서 어떻게 노동 분업 덕분에 가능하게 된 높은 생산성과 여가와 같은 것들이 유지될 수 있는지에 대해 마르크스는 답하지 않는다. 역사발전의 법칙에 의해 더 나은 물질적 조건은 이미 정해져 있는 것으로 간주하기 때문이다. 로스버드는 이런 식으로 되묻는다. "자신이 생산한 것만 소비해야 하는 농부는 얼마나 더 불행하게 느낄 것인가?"

대가족 제도와 질투의 문제

노동 분업에 대한 비판은 대가족 제도의 장점을 부각함으로써 이루어지기도 한다. 다수의 문명비판가들은 원시 부족들에게서 발견되는 '대가족(extended family)' 관념을 칭송함으로써 노동 분업을 기초로 교환하는 개인주의적인 자본주의를 비판하였다. 그러나 이런 대가족주의적 관념이 강하게 살아남은 사회에 대한 실제 연구들은 이런 대가족 개념이 그런 관념을 지닌 사회 구성원들을 물질적으로나 정신적으로 더 행복하게 만들지 못한다는 사실을 밝히고 있다.

이런 대가족 개념이 일반화된 사회에서는 한 개인이 뛰어나서 남보다 무엇인가 더 가지면, 이것이 알려지는 순간 반드시 그는 그의 친족들과 자신이 가진 것을 나누어야 한다. 이것을 나누지 않으면 질투의 대상이 되고, 질투하는 친척들은 심지어 그 잘난 자에게 벌을 내려달라고 저주한다. 그래서 질투를 당하거나 저주를 받을 가능성에 대한 두려움으로 인해 이런 사회의 개인들은 자신의 재산이 드러나지 않게 숨긴다. 심지어 은행에 예금조차 하지 않는다. 만약 그렇게 했다가는 언젠가는 은행 근처에서 기다리던 친척들에게 결국 자신의 예금 일부를 나눠주지 않을 수 없게 된다. 이를 거부했다가는 비윤리적인 자로 낙인 찍혀 그 사회로부터 고립되기 때문이다. 반(半)강제적인 성격을 지니는 이런 유형의 '강탈'이 발생하는 사회는 경제적 발전도 지체될 수밖에 없다.

그래서 이 사회는 '낭만적' 문명비판가들이 상상하는 것과는 딴판이다. 뛰어난 자나 그렇지 못한 자나 서로가 무엇이든 가진 것을 숨기려고 노력하고, 다른 이가 숨기고 있다고 의심하면서 잘난 이를 질투하는 '못난이들'의 세상이 되고 만다. 잘난 이나 못난 이나 모두 불행하다. 먹는 것, 입는 것, 타는 것 모두 눈치가 보여서 숨어서만 할 수 있는 것들로 제한되는 것이다.

혹시 우리 사회도 이런 부분이 없는지 성찰해볼 일이다. 골프를 치기 위해 해외로 여행을 가고, 위화감을 조성한다면서 학교의 설립도 제한하는 것을 보면 이런 유형의 함정에서 완전히 벗어난 것은 아닌 것 같다. 얼마 전 이 모 배우와 임 모 상무의 열애설을 보도하면서 누가 입은 것은 얼마짜리라는 식의 언급을 일삼는 언론의 태도를 보면, 더욱 그런 느낌을 지울 수 없다. 대가족 사회에 빠지면 실제로는 사회적 유대가 오히려 강하지 않게 된다는 뜻이다.

심지어 이렇게 질투가 심해지면, 남의 불행을 나의 행복으로 여기다 보니 공동체적 유대도 매우 약해진다. 현대의 시장경제를 비판하는 사람들은 흔히 이런 원시사회가 공동체의식이나 유대가 매우 강한 것처럼 주장하지만, 실제 연구들은 그렇지 않음을 보여준다. 실제로 멕시코의 대가족적 의식이 강한 곳일수록 이웃이 강도를 당하거나 화재를 당해도 이를 빨리 알려서 남의 불행을 최소화하려는 행동은 기대하기 어렵다는 것이다. 당연히 이런 사회일수록 성공하려는 유인이 죽어서 분업을 통한 협력의 범위는 그야말로 제한적일 수밖에 없다.

격차들은 발전의 원동력

앞에서 살펴본 것처럼 격차는 개인들 사이에 서로 다른 비교우위를 만들어내고, 서로 교환을 통한 협력이 가능하게 만든다. 이런 협력은 현재처럼 우리가 매우 전문화된 하나의 일만 하더라도 나머지 필요한 것들을 다른 사람들로부터 구할 수 있도록 해주었다. 이것이 문명발전의 기초가 되고, 인간들을 동물과 다름없는 삶으로부터 벗어나게 하는 데 결정적인 역할을 하였다.

현재 사람들은 봉건시대 왕들이 누리던 것보다 더 많은 문명의 혜택을 누리며 산다. 결국 노동 분업을 통한 협력을 잘한 결과이다. 이런 노동 분업을 통한 협력이 작동하는 이유는 바로 개인들이 서로 비교우위가 다르기 때문이다. 이제 우리는 전 지구적 차원에서 노동 분업을 통한 협력을 하는 세상이 되었다.

"우리는 서로의 복지를 위해 필요한 존재가 되었다." 이 한 마디로 격차 혹은 격차들은 인류 발전의 원동력이라는 점을 느낄 수 있다.

참고문헌

Rothbard, Murray, "Freedom, Inequality, Primitivism, and the Division of Labor,"in his Egalitarianism As a Revolt Against Nature and Other Essays, Mises Institute, 2000.

Mises, Ludwig von, Trans. J. *Kahane, Socialism, A Economic and Sociological Analysis*, New Haven, Yale University Press, 1950.

데이비드 보아즈, 강위석 외 옮김, 『자유주의로의 초대』, 북코리아, 2009.

김이석, 『시장경제원론』, 프리이코노미 스쿨, 2014.

4장

역사 속의 불평등

—

김승욱(중앙대학교 교수 | 경제학부)

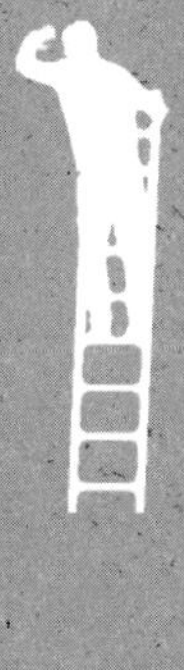

빈부격차에 대한 관심

영화 『엘리시움(Elysium)』은 서기 2154년의 극심한 빈부격차를 배경으로 하고 있다. 환경오염과 자원고갈 등으로 99퍼센트의 가난한 사람들은 황폐해진 지구에서 가난과 질병의 고통 속에서 살고 있는 반면에, 상위 1퍼센트의 부자들은 우주에 떠 있는 초호화 우주선 엘리시움에서 질병과 가난의 고통에서 완전히 해방되어 살고 있다. 닐 블롬캠프(Neill Blomkamp) 감독은 이 영화를 통해서 극심한 빈부격차를 부각시키고 싶었다고 했다. '엘리시움(또는 엘리시온, Elysion)'은'엘리시언 평원(Elysian Fields)'이라고도 불리는 고대 그리스의 사후세계를 말한다. 고대 그리스인들은 신이나 영웅 등 자격을 갖춘 사람들이 죽으면 엘리시움으로 가고, 그렇지 못한 자들은 죽음과 지하를 관장하는 하데스(Hades)가 지배하는 지하세계로 간다고 생각했다.

최근에 이러한 영화가 등장하는 것은 최근 세계 각국 빈부격차에 대해 관심이 높아 졌기 때문이다. 유럽에 비해 소득격차 문제에 대해서 비교적 관대했던 미국도, 2011년 겨울에 시작된 월가점령시위(Occupy Wall Street)에서 보듯이, 불평등 문제를 심각하게 여기고 있다. 그리고 다보스포럼에서도 빈부격차 문제를 중요한 의제로 다루었다. 또한 자선단체인 옥스팜 인터내셔널(Oxfam International)은 "세계에서 가장 부유한 사람 85명의 재산이 소득수준 하위 50퍼센트인 세계 인구 절반의 총 자산과 상응한다."고 주장했다. 우리나라도 과거에는 다 같이 못살았는데, 이제는 빈부격차 문제가 심각한 사회문제로 대두되고 있다. 물론 빈부격차 문제는 비단 오늘날만의 문제는 아니다. 인류는 오랫동안 불평등 문제로 고심했다. 프랑스 대혁명과 같은 신분차별 철폐 요구도 있었고, 지난 한 세기 동안 공산주의를 통해서 빈부격차 문제를 해결하려는 시도도 있었다.

두 가지 경제문제: 빈곤탈출과 빈부격차

경제문제의 유형은 다양하지만 그 중에서도 빈곤탈출과 빈부격차 문제가 가장 중요하다. 빈곤 문제는 오랫동안 인류를 괴롭혀 왔는데, 이제 일부 선진국에서나마 어느 정도 탈출에 성공했다. 그러나 불평등의 문제는 여전히 만족할 만한 대안을 찾지 못하고 있다.

불평등은 문명의 산물이므로 불가피하다는 주장도 있다. 또는 '절대적 빈곤'으로부터의 탈피가 중요하고 '상대적 빈곤'은 발전의 동력이 되므로 문제될 것이 없다는 주장도 있다. 그러나 옆 사람과 비교하는 성품을 가진 인간에게 이것 또한 만족할 만한 대안은 아니다. 빈곤으로부터의 탈출뿐만 아니라 가능한 빈부격차를 줄여서 위화감을 해소하려는 인류의 노력은 계속되어야 할 것이다.

그러나 무슨 병이든 원인을 제대로 파악해야 올바른 처방이 나온다. 따라서 빈부격차를 줄이기 위해서도 그 원인을 제대로 파악해야 하는데, 오늘날 빈부격차의 원인을 제대로 파악하고 있는가? 이 질문이 이 글의 문제의식이다. 자본주의가 불평등의 원인이라는 주장이 있다. 그러나 긴 역사를 통해서 볼 때 자본주의 이전의 사회에서도 불평등은 더 심했고, 자본주의에 대응해서 등장한 공산주의에서도 불평등은 여전했다.

이 글의 목적은 "불평등은 자본주의의 본질적 특징"이라는 주장에 대한 반론의 근거로 자본주의 이전 빈부격차가 자본주의 사회 이상으로 컸다는 것을 설명하고자 한다. 즉 불평등은 자본주의의 특성이 아니라 모든 사회에 나타나는 특징이다. 구석기 시대의 무덤을 근거로 볼 때 수렵채취 사회에서도 불평등이 있었다는 것을 알 수 있다. 특히 농경사회에 들어오면서 불평등이 커졌다. 이렇게 전자본주의 시대의 불평등이 어느 정도였는가를 살펴본다. 이러한 전근대사회의 각종 신분적 차이를 고려하면 아직까지는 자본주의의 불평등이 이전보다 더 심하다고 할 수 없다. 과거 동양의 왕조시대나 서양의 귀족사회는 물론 공산주의 사회에서도 신분적 차별이 존재했다. 전자본주의 사회의 차별은 대부분 권력과 신분에서 유래했다. 그래서 축적된 자본량의 격차

이외에 사회 신분적 차별을 함께 고려해야 그 시대를 보다 객관적으로 평가할 수 있다는 전제 하에 불평등에 대해서 살펴본다.

불평등은 자본주의의 산물인가

불평등의 원인을 자본주의 때문이라고 지적한 마르크스(1818~1883)는 『자본론』(제1권)에서 노동자들이 착취당하는 모습을 다음과 같이 고발했다.

> 주의 치안판사 찰턴(Broughton Charlton)은 1860년 1월 14일에 (중략) 다음과 같이 밝혔다. 9세부터 10세까지의 아이들이 새벽 2, 3, 4시에 그들의 불결한 잠자리에서 끌려나와 겨우 입에 풀칠만이라도 하기 위해 밤 10, 11, 12시까지 노동하도록 강요당하고 있는데 그들의 팔다리는 말라 비틀어지고 신체는 왜소해지며 얼굴은 창백해지고 그들의 인간성은 완전히 목석처럼 무감각상태로 굳어져버려 보기만 해도 소름이 끼칠 지경이다.
>
> 그린하우스는 스토크-온-트렌트나 월스탠턴의 도자기 제조지역의 평균수명이 특히 짧다고 밝히고 있다. 스토크 지방에서는 20세 이상의 성인남자 인구의 36.6퍼센트, 월스탠턴에서는 그 30.4퍼센트가 도자기 제조업에 종사하고 있지만, 이 연령에 속하는 성인남자 중 폐병으로 인한 사망자 총수의 반 수 이상(스토크 지방에서)과 약 5분의 2(월스탠턴 지방에서)가 도자기공이다.

위원회의 위원인 화이트(1863년)가 심문한 증인들 중 270명은 18세 미만, 50명은 10세 미만이었고, 10명은 겨우 8세, 5명은 겨우 6세였다. 노동일의 길이는 12시간으로부터 14~15시간 사이였고, 야간노동이 진행되며, 식사는 그 시간이 불규칙할 뿐만 아니라 대다수의 경우 인(燐)독이 가득 찬 작업장에서 하지 않으면 안 되었다.

스코틀랜드에서 농업노동자들은 사나운 기후에서 하루 13~14시간의 노동을, 그리고 또 일요일에도 4시간의 추가노동까지 해야 한다. 런던에서는 끔찍한 철도사고가 수백 명의 승객을 저세상으로 수송하였다. 사고의 원인은 철도 노동자들의 부주의다. 10~12년 전에는 그들의 노동은 하루에 8시간밖에 계속되지 않았다 그런데 최근 5~6년 동안 노동시간이 14시간, 18시간, 20시간으로까지 늘어났고, 또 행락철과 같이 특히 여행객이 몰릴 때에는 노동이 가끔 중단 없이 40~50시간 계속된다.

위의 예는 『자본론』의 극히 일부이다. 사실 산업혁명 당시 영국의 자본주의는 착취와 무질서로 얼룩져 있었다. 인간이 인간을 노예로 사고파는 것이 용인되었고, 수많은 사람들이 가혹한 노동으로 착취를 당했으며, 잔인한 형법이 가난한 사람들을 옥죄고 있었다. 당시 영국 법전에는 사형에 처할 수 있는 범죄가 200여 종이나 있어서 가히 '피의 법전'이라고 불릴 만했다. 광산과 공장의 근로조건은 비참하기 짝이 없었다. 산업혁명 초기에는 유아와 부녀자들이 공장에서 주로 일했는데, 유아의 경우 심지어 만 4세부터 일을 시켰다. 노동시간은 정해진 것이 없어서 새벽부터 황혼까지(dawn to dust) 일을 했는데, 노동자는 비인간적인 기계장치의 톱니바퀴와 같이 공장에 편입되어 노동해야 했다. 1832년에 영국 의회가 노동실태를 조사한 기록에 의하면 바쁠 때는 새벽 3시부터 저녁 10시까지 무려 19시간을 노동에 시달렸으며, 이 장시간 노동 중에 휴식시간이라고는 아침식사 시간 15분, 저녁식사 시간 30분 그리고 도중에 술 마시는 시간 15분이 주어졌다. 그나마 공장청소는 아침식사시간이나 술 마시는 시간에 하도록 되어 있어서 이 식사시간도 대부분 청소하면서 보냈다. 산업재해가 일어나면 보상은커녕 일자리에서 쫓겨났다. 노예들의 비참함은 이보다 더했다.

마르크스는 자본주의는 영국의 산업혁명 이후에 등장했으며, 자본주의가 고도화되면 빈부격차가 벌어져서 프롤레타리아 혁명으로 자본주의가 붕괴될 것이라고 예상했다. 이러한 마르크스의 주장에 의해서 19세기 말부터 공산주의 사상이 확산되었다. 20세기 후반에 공산주의는 많은 지역에서 종말을 고했지만, 최근에 프랑스의 경제학자 피케티는 『21세기 자본』에서 19세기의 칼 마르크스와 비슷한 주장을 했다. 그는 시장경제는 양극화의 힘이 강해서, '세습 자본주의 사회'가 도래할 것이라고 경고하면서 빈부격차로 인한 양극화는 민주사회와 사회정의를 파괴할 잠재력이 있다고 경고했다. 그의 주장은 영화 『엘리시움』을 떠올리게 한다.

마르크스는 유물사관에 기초한 반면에, 피케티는 장기적인 데이터 분석에 기초해 이러한 주장을 했기 때문에 마르크스의 현대경제학적 버전이라고 평가받는다. 그리고 피케티는 마르크스와 달리 혁명이 아니라 정치적 결단을 통해 자본주의가 개선될 수 있다고 보았다. 최고

85퍼센트의 누진적 부유세(wealth tax)를 도입해서 빈부격차를 줄이고, 자본의 해외이탈을 막기 위해서 각국이 서로 협조할 것을 주문했다. 과거 이보다 높은 부유세를 부과했던 역사적 사례가 있었기 때문에 가능하다고 주장한다.

피케티는 오늘날 자본주의 사회에서 격차는 주로 자본의 보유량에 달려 있으며, 자본주의가 점점 심화될 것이며, 불평등은 자본주의의 본질적 성격이라고 보았다. 피케티의 눈으로 빈부격차의 변화를 보면, 자본주의가 발전된 19세기 말에 빈부격차가 크게 확대되다가 세계대전으로 부자들이 보유한 자본이 파괴되면서 1970년까지 빈부격차가 줄어들었다. 그러나 이 자본이 다시 축적되면서 1970년대 이후에 빈부격차는 다시 증가해 앞으로 세습 자본주의 사회가 도래할 것이라고 주장했다. 이렇게 돈이 돈을 버는 자본주의 사회에서 부자들은 아무것도 하지 않아도 빈부격차가 벌어질 수밖에 없다고 주장한다. 그 근거로 제시하고 있는 빌 게이츠의 재산은 1990년에서 2010년 사이에 40억 달러에서 500억 달러로 증가했고, 화장품 업계 1위 로레알의 상속녀 릴리앙 베탕쿠르의 재산도 20억 달러에서 250억 달러로 증가했다. 이들의 재산이 1990~2010년 사이에 연간 13퍼센트 증가했고, 물가상승률을 제외해도 연간 10-11퍼센트 증가했다는 것이다.

이러한 피케티 테제에 대한 비판은 여러 가지가 있다. 예를 들면 상위 소득계층이 많은 부나 소득을 가지고 있더라도 사람이 바뀐다면 세습사회라고 할 수 없는데 소득세 자료는 상위 고소득 집단에 누가 들어가 있는지는 말해주지 않기 때문에 소득계층의 이동성에 대해서는 파악할 수 없다는 비판이 있다. 또 시장이 제대로 작동한다면 자본의 힘뿐만 아니라 창의성, 아이디어, 기업가 정신 등 부를 가져다주는 요인이 다양하기 때문에 빈부격차를 줄이는 효과도 상당히 있다는 비판도 가능하다. 이 글에서는 자본주의가 등장한 산업혁명기가 아니라 보다 장기적인 역사에서 빈부격차의 모습을 통해 피케티 테제를 비판하고자 한다.

격차와 차별
그리고 불평등

장기적인 역사에서 빈부격차의 문제를 다룰 때 격차라는 용어는 적절하지 않다. 흔히 자본주의를 비판할 때 사용하는 '격차'라는 용어는 부의 격차, 또는 소득의 격차 등과 같이 수치로 표현되는 것의 차이를 의미한다. 반면에 '차별'이라는 단어는 신분의 차이나 인종 등 넘을 수 없는 보다 근본적인 차이를 표현할 때 주로 사용된다. 그런데 '불평등'이라는 용어는 격차나 차별을 모두 포함하는 포괄적인 용어이다.

사실 전자본주의 사회에서는 모두가 가난했기 때문에 이렇게 숫자로 표시되는 소득이나 부의 절대적인 격차는 자본주의 시대 이후보다 작을 것이다. 그러나 신분차별 등을 포함한 상층과 하층의 차이를 비교해야 자본주의 사회가 전자본주의에 비해서 불평등이 심해졌는지 아닌지를 판단할 수 있다.

역사적으로 보면 근대라는 것은 신분사회에서 시민사회로 변한 것이다. 위의 정의를 사용하면 노예제 등 신분'차별'사회에서 소득과 부의 '격차'사회로 변한 것이다. 과거에는 권력을 가진 사가 부도 함께 누렸고, 태어날 때의 신분을 극복하기 어려웠다. 자본주의가 발전하고, 시민사회가 도래함에 이러한 신분적 차별은 크게 줄어들었다. 대신 경제력의 격차가 벌어졌다. 따라서 서로 이질적인 사회를 비교한다는 것이 쉬운 일은 아니다. 그래서 불평등이라는 개념을 가지고, 자본주의로 인해서 불평등이 심해졌는지 살펴보고자 한다.

이 글에서 강조하고 싶은 것은 자본주의 때문에 노동자들의 삶이 고달파진 것이 아니라, 그 이전의 사회에서는 모두가 더 힘든 삶을 영위했다는 것이다. 자본주의의 도래로 인해서 오히려 노동자들조차 삶의 질이 개선되었다. 따라서 자본주의 시대에 나타나는 불평등은 자본주의 고유의 현상이 아니라는 주장을 하려고 한다.

수렵채취 경제시대의 삶

산업혁명기 노동자의 삶을 예로 들면서 자본주의를 비판하는 사람들은 흔히 그 이전의 사회에는 빈부격차도 없고, 행복한 삶을 살았을 것으로 생각하지만 사실 그렇지 않다. 프린스턴 대학 앵거스 디턴(Angus Deaton) 교수는 『위대한 탈출: 불평등은 어떻게 성장을 촉발시키나』에서 인류가 빈곤문제에서 탈출한 것이 얼마나 중요한 일인가를 잘 설명하고 있다. 그는 '과거에는 어떻게 살다가 죽었나'(pp.82~96)에서, 인간이 존재한 시간의 95퍼센트에 해당하는 수십만 년이라는 세월 동안 사람들은 수렵 및 채집생활을 했는데, 먹잇감을 쫓아 빠른 속도로 하루에 16~24킬로미터쯤 걸었을 것으로 추정한다. 인구를 줄이기 위한 영아살해 풍습도 있었으며, 신생아 중 약 20퍼센트가 첫해를 넘기지 못하고 사망했다. 무리 대부분이 식량을 저장하지 않았다. 수렵채집사회는 지배자 없이 유지되는 평등주의 사회였는데, 그렇다고 해서 지상낙원으로 생각해서는 안 된다. 다른 무리와 맞닥뜨리는 경우 대부분 폭력이 발생했다. 물리적인 충돌이 벌어졌을 때 말리거나 중재하는 사람이 없었다. 충돌은 성인의 사망률을 높이는 또 다른 원인이 되었다. 말라리아 같은 다른 전염병은 인간의 역사에 항상 등장했는데, 출생 시 기대수명은 20~30년에 불과했다.

수많은 거대한 동물이 사냥으로 멸종됐을 때 에덴동산이 모습을 감추면서 사람들은 어쩔 수 없이 식물과 씨앗과 설치류 같은 더 작고 더 잡기 어려운 동물을 먹는 생활로 되돌아갔다.

『타임』지 표지에 등장했던 '아이스맨 외치'라는 남자는 알프스의 빙하에서 1991년에 발견되었는데, 그의 등짐에 있는 동도끼 등을 통해서 그의 나이가 5,000살이라는 것을 알게 되었다. 이런 수천 년 된 고대인들이 그 이후에도 여럿 발견되었다. 그런데 공통점은 모두 심각한 폭행의 흔적을 몸에 지니고 있다는 사실이다. 목이 잘린 흔적, 인신공양의 흔적 등이 발견되었다. 스티븐 핑커(Steven Pinker, 1954~)는 『우리 본성의 선한 천사』에서 고대로 거슬러 올라갈수록 폭력적인 사회였다고 결론을 내리고 있다.

불평등은 문명이 준 선물 중 하나였다. 농경사회가 정말 더 나은 사회라고 한다면 더 나은 사회란 더 불평등한 사회다. 수렵채취 경제라고 해서 불평등이 없었던 것은 아니다. 무덤 등을 연구해 보면 그 사회도 어느 정도 계급이 존재했다는 것을 알 수 있다. 그러나 농경사회로 들어오면서 보다 불평등이 심화되었다.

1만년 전에 시작된 충적세이후 시작된 농경 시대가, 부와 건강을 개선시켰는지는 명확하지 않다. 농경사회로의 전환은 에스더 보서럽(Esther Boserup)이 펼친 주장대로 식량을 찾아 돌아다니기가 어려워지는 상황에 적응한 결과이다. 갈수록 작아지는 씨앗에 기대는 삶보다는 농사가 더 나았기 때문에 사람들은 먹을거리를 찾아 돌아다니기를 단념하고 농부로 살면서 거의 움직이지 않는 생활로 돌아섰다. 일은 조금 하면서 신나게 놀고 철저하게 사냥을 즐긴 수렵채집인들이 자신의 삶을 농사라는 힘들고 단조로운 일과 자진해서 맞바꿨을 리 만무하다. 농경문화가 확실하게 자리 잡은 뒤 수천 년 동안 기대수명이 꾸준하게 증가했음을 보여주는 자료는 어디에도 없다.

고대사회의 격차

미개한 사회뿐만 아니다. 고대사회에서도 가장 발달했다고 하는 로마 사회의 예를 들어도 풍요로운 삶을 살았던 사람은 얼마 되지 않았다.

버클리 대학의 고대사 교수인 로버트 냅(Robert Knapp)의 『99퍼센트 의 로마인은 어떻게 살았을까』에 의하면 로마 사회는 전체 로마 제국의 인구(약 5,000만~6,000만 명)의 약 0.05퍼센트에 불과한 3만~3만 5,000명의 호네스티오레스(honestiores, 더 고귀한 자)들이 부의 80퍼센트를 소유했다. 피케티는 〈그림1〉에서 보는 바와 같이 유럽의 경우 19세기에 상위 1퍼센트의 사람들이 전체 부의 50퍼센트 정도를 차지했다가 다시 최근에 이 비중이 늘어나는 것을 염려했지만, 로마 시대는 1퍼센트가 아니라 0.05퍼센트가 80퍼센트를 차지했다.

이들의 구성을 보면 로마의 가장 상층부를 이루는 원로원 위원은 100만 세스테르세스(sesterces, 고대 로마의 화폐단위)의 재산을 보유해야 했다. 그 밑의 기사가 있는데 이들은 40만 세스테르세스의 부를 보유해야 그 계층에 들어갈 수 있었다. 이 원로원과 기사의 숫자는 5,000명 정

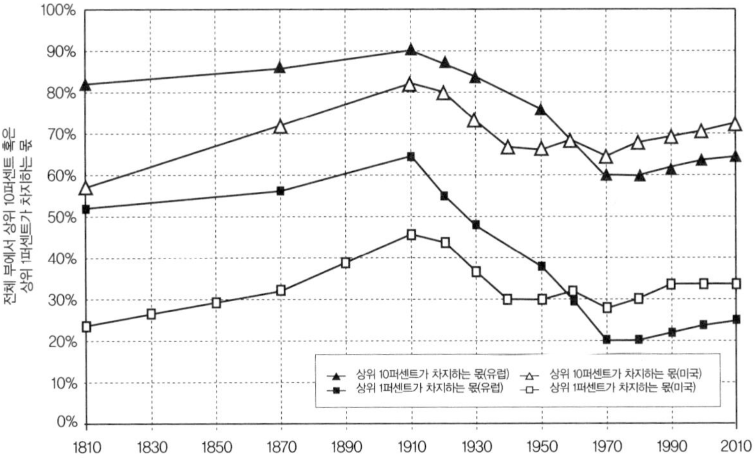

20세기 중반까지는 유럽이 미국보다 부의 불평등이 더 높았다

〈그림 1〉 유럽과 미국의 부의 불평등 비교, 1810~2010 출처: 피케티, 『21세기 자본』, 도표 10.8.

도였다. 이들보다 한참 밑으로 로마 제국의 지방도시를 관리하는 지배계층이 있었고, 이들을 포함해서 호네스티오레스라고 불렀다.

엄청난 부자를 호네스티오레스라 부르고, 인구의 99.95퍼센트를 차지하는 나머지 자유민을 휴밀리오레스(humilores, 덜 고귀한 자)라고 부른 것을 보면 로마인들 스스로 지배계층과 피지배계층 사이의 사회경제적 단절을 인식하고 있었음을 알 수 있다.

호네스티오레스 밑으로 훨씬 적은 재산을 가진 소규모 토지 소유자, 상인과 숙련공, 성공한 군인들과 이들의 후원을 받는 사람들 그리고 전문직인 교사와 의사, 건축가처럼 지배계층의 후원을 받는 이들이 상당수 있었다. 그들도 일용할 양식 정도는 걱정하지 않아도 될 만큼의 재산을 가지고 있었고 자신의 사회적·정치적·문화적 관심사를 추구할 만큼 충분한 여가시간을 누렸다. 전체 인구에서 이들 평민과 그들의 가족이 차지하는 인구비중은 25퍼센트 정도였다.

로마 시대의 서열과 신분제도

자본주의의 빈부격차를 비난하는 자들은 자본주의 시장경제가 얼마나 신분상의 평등화를 가져왔는지는 언급하지 않는다. 로마 시대의 서열제도의 예를 살펴보자. 로마의 경우 초기 공화정 시대에는 빈부격차가 크지 않았으나, 공화정 말기부터 빈부격차가 확대되었고, 왕정으로 들어가 거대 제국이 되면서 불평등도가 높아졌다. 기부금의 수익을 배분할 때도 신분에 따라 차등을 두어 분배했고, 원형경기장의 좌석도 계급에 따라 배치한 것을 보면 얼마나 철저한 계급사회였는지 알 수 있다. 그런 계급사회 속에서 중간계층에 속한 평민들은 자신들만의 생존전략을 체득했는데 자신보다 낮은 계급의 사람은 기회 있을 때마다 이용하는 반면 자신보다 높은 계급에 있는 사람에게는 철저히 복종하는 그런 사회였다.

뿐만 아니라 차별의식도 대단했다. 냅(Knapp)교수는 은 로마 시대의 차별의식을 다음과 같이 기록하고 있다. "그들은 가난한 사람의 말을 따르거나 자기보다 낮은 계급(예를 들면 노예)에 동화되는 것을 치욕으로 여겼다. 이들 평민 남자들은 자신과 동등한 지위를 지닌 사람을 대할 때보다 누가 봐도 명백하게 우월한 존재(지배계층)나 명백하게 열등한 존재(노예)를 대할 때 더 확실한 태도를 취했다. (중략) 학자들은 고대 로마의 평민 남자가 가장 흔히 가지고 있던 반감을 다섯 가지로 분류한다. 해방 노예에 대한 반감, 가난한 자에 대한 반감, 노예에 대한 반감, 상인에 대한 반감, 노동에 대한 편견이 그것이다. (중략) 자유인들 사이에서도 해방노예에 대한 반감이 팽배했을 거라는 시각이 일반적이지만 이를 입증할 증거는 거의 없다. (중략) 그러나 가난한 자에 대한 반감만큼은 실제로 존재했다. (중략) 평민들은 노예에게도 강한 반감을 품었다."

로마 시대의 빈민과 빈곤층 인구

냅에 의하면 로마 제국의 대다수 사람들이 빈빈층이었나. 빈민층은 기본적으로 그날 벌어 그날 먹고 사는 남녀 자유민을 말하는데, 이들은 근근이 목숨이나 부지하고 있을 뿐 저축이나 투자 따위는 엄두도 낼 수 없었다. 그들이 간절히 바라는 것은 오로지 생존이었다. 출세나 성공의 가능성이 전혀 없는 것은 아니었지만 확률은 극히 희박했다. 고대 로마인이 직접 쓴 「점성술의 노래」에는 가난에 대한 비슷한 정의가 여러 차례 등장한다. 즉 가난은 "배를 채울 빵이나 입을 옷"이 없는 상태이며, "일용할 빵을 찾을 수 없는"상태이다. 아르테미도루스는 「꿈 풀이」에서 사회의 맨 밑바닥에 있는 가난한 자를 이렇게 설명한다. "가난한 자는 배설물이나 그 밖의 쓰레기 따위를 내다버리는 지저분하고 어두운 장소와 같다."

> "이들은 구걸과 소작, 날품팔이에 생계를 의지했다. 금액으로 환산하면, 한 가정이 대도시에서 1년 동안 최저 생활수준 이상으로 생활하려면 300데나리우스 정도의 현금 소득이 필요했다. 다시 말해 하루에 약 1데나리우스를 벌어야 했다는 얘기다. (중략) 당시 로마에는 하루에 1데나리우스의 절반도 벌지 못하는 사람들이 수두룩했다. 게다가 도시나 지방 가릴 것 없이 불완전 고용이 만연해 있고 노동과 제품에 대한 수요가 불안정했던 탓에 대부분의 사람들은 고정적인 일자리를 갖거나 좋은 임금을 받을 수 없었다. 매 순간 그렇지는 않아도 거의 모든 순간 벼랑 끝에 몰린 채

살아가는 사람들, 그들이 바로 고대 로마의 빈민층이었다. (중략) 소농은 누가 봐도 확실한 빈민층이다. 소농의 기본적인 정의는 자기 땅에서 농사를 짓는 사람이다. 로마 제국 시기에 그러한 자작농은 많았다. 고대 로마의 시인 베르길리우스는 「모레툼(Moretum, 이스트를 넣지 않고 식초 등을 넣어 구운 납작한 빵이라는 뜻)」이라는 시에서 어느 농부의 누추한 삶을 날카롭게 포착한다. 농부가 가진 것이라곤 그야말로 입에 풀칠만 할 정도의 먹을 것뿐이다. 그는 밭에서 키운 채소를 시장에 내다 팔아 버는 쥐꼬리만 한 수입으로 살아간다. 소작농도 흔했다. 소작농은 남의 땅을 부쳐 먹고 산다. 소작농 중에는 원래 자기 땅을 갖고 있다가 빚을 갚지 못해 지주에게 땅을 잃고 소작농이 된 경우도 있었다. 그들은 지주의 허락을 받고 그 땅에서 계속 농사를 짓는 대신 해마다 수수료나 농작물의 일부를 지주에게 바쳤다."

로마 제국의 총인구 가운데에서 냅은 노예와 자유민 등 '벼랑 끝' 삶을 살았던 사람들의 비중을 65퍼센트였다고 추산했다. 그들은 자연재해와 전염병, 기근 등의 재난에 의해 자신들이 영위해 오던 최저 생활이 무너지면 곧바로 죽음에 이를 수 있는 벼랑 끝에 서 있는 사람들이었다. 이러한 가난한 사람들의 눈에 비친 로마 제국은 격변과 불평등의 세계였다. 그들의 삶은 불확실한 순간의 연속이었고 조세징수원이 됐든, 국가 관리가 됐든, 지주가 됐든, 대부업자가 됐든 가난한 사람들은 사회정치적으로 누군가 또는 무언가에 예속된 존재였다고 한다.

그 중에서 노예들의 삶은 더 고달팠다. 마르크스는 그리스·로마 사회를 노예제 사회라고 규정했다. 노예제도는 고대 그리스·로마 경제의 근간이었다. 로마 시대 노예들의 숫자는 얼마나 되며 노예들의 처우는 어떠했을까? 노예는 몇 명이었고 어떤 사람이 노예가 되었을까? 냅에 의하면 노예제도는 로마 제국의 농촌에서는 지배적인 노동의 형태가 아니었다. 노예의 노동력은 주로 이탈리아와 시칠리아에 있는 소수의 대사유지에 집중되었고, 규모가 큰 읍과 대도시에서 노예를 소유하고 있는 비중이 제국의 전체 평균보다 높았다. 평균적으로 따지면 일곱 가구마다 한 가구가 노예 한 명을 소유했다. 노예를 소유한 이들은 대부분 지배계층이었으며, 노예는 주로 농업이나 상업이 아니라 가사노동에 투입되었다. 추산에 따르면 제국 전체 인구의 약 15퍼센트가 노예였다.

로마 연회장에서 먹은 것을 토하고 다시 먹었다는 사실은 널리 알려져 있다. 토니 로빈슨과 데이비드 윌콕이 쓴 『불량직업 잔혹사』에 의하면 과거에는 수많은 잔혹한 직업들이 있었다. 네로의 스승인 철학자 세네카가 말한 바와 같이 "그들은 먹기 위해 게우고, 게우기 위해 먹는다."고 했다. 세네카의 『도덕에 관한 편지들』에서는 식사 중 침 뱉기와 게우기를 매력적이고 세련된 습관이라고 언급했다. 나가서 게우는 사람도 있지만, 그 자리에서 토하기도 했다. 그러면 의자 밑을 기어다니며 치우는 구토물 수거인이 있었다.

그리고 로마의 부유한 시민들이 쓰는 금 장구를 얻기 위해서 얼마나 많은 광부가 죽었는지 알 수도 없다. 폭약도 없었던 시대에 숨이 탁탁 막히는 굴에서 바위를 불에 이틀 간 달구어서 물과 식초를 끼얹어 급랭시켰다. 이 갱에서 부서진 바위를 부수고 날랐다. 납이나 주석 등을 캐는 광산의 인부들 중의 10퍼센트가 매년 죽었다.

철을 생산하기 위해서는 숯을 구워야 하는데, 이 숯장이들은 반유목 생활을 했다. 숯은 천천히 구워야 나무가 재로 변하지 않는다. 불을 계속 들여다 보아야 하기 때문에 잠도 잘 수 없고, 그래서 졸면 앞으로 고꾸라지게 만든 외다리 의자에 앉아서 연기를 살핀다. 계속 나무 연기를 마시며 살아야 하고, 이런 고된 작업을 해도 보수는 형편없었다.

화폐 주조공들이 깎아낸 은을 조금씩 모아 돈을 벌면 거세의 형벌이 내려지고, 표준용량에 미치지 못하는 동전을 주조하기 위해서 불순물을 섞으면 수족을 잘랐다. 이런 것이 고대문명이 가장 발달했다고 하는 로마에서의 하층민들 생활이었다.

중세 농노들의 생활

마르크스는 서구 중세시대를 농노제라고 규정했다. 이 시대의 농노들의 모습은 어떠했는가? 마베 긴야의 『중세를 여행하는 사람들』에 의하면 18세기까지 인구의 거의 80퍼센트 이상을 차지하고 있던 농민 대부분은 문맹이었다. 1152년의 제국평화령으로 농민은 창과 검의 휴대가 금지되었다. 1179년의 라인-프랑켄의 평화령이 갱신되었을 때 농민이 마을 밖에서 검을 휴대하는 것은 허락되었으나, 프리드리히 1세는 1186년의 제국평화령에서 '농민은 기사의 자격을 흉내 내서는 안 된다.'고 규제했다. 그로 인해서 그때까지 대체로 자유인과 비자유인밖에 없었던 유럽사회에 기사와 농민이라는 새로운 사회적 신분이 성립되었고, 농민은 명예에 있어서 열등한 신분이 되었고, 사회적 서열에서도 하층에 자리매김되었다. 마르티노 축일(11월 11일)에 농민은 현물과 화폐의 공물을 영주에게 바쳤다. 보통 땅 1후페에 닭 두 마리와 돈 2마르크 외에 달걀, 버터, 치즈와 그 밖의 현물을 바쳤고, 사제에게는 십일조의 봉헌금도 바쳐야 했다(곳에 따라서는 가족 전원에게 인두세가 부과되었고, 주인이 죽으면 유산 중 가장 좋은 의복과 가장 좋은 가축이 영주에게 사망세(헬리오트)로 징수되었다).

『불량직업 잔혹사』에 의하면 영국 앵글로색슨 시대에 농민들은 매일 땔나무를 베는데 4시간이 걸렸다. 12명의 가족이 먹을 만큼의 필요한 곡물을 갈려면 적어도 3시간이 걸렸다. 수도사 비드(St. Bede)가 기아가 만연한 7세기 서섹스 지역의 동반자살에 대한 기록을 다음과 같이 남겼다고 한다. "굶주린 사람들이 40~50명씩 무리를 지어 여윈 몸뚱이를 끌고 절벽 위로 혹은 바닷가로 가는 모습이 자주 목격된다. 거기서 서로 손을 잡은 채 껑충 뛰어 밑으로 떨어지거나 물에 몸을 던지려는 것이다."

중세 기사들은 전장에서 갑옷을 계속 입고 있어야 했다. 전쟁은 한두 시간 만에 끝나는 것이 아니므로 갑옷 속에 볼일을 다 봤다. 휴식 시간에 이 갑옷을 닦는 것은 시종들의 몫이었다.

의술의 미개한 수준은 말로 다 설명하지 못할 정도이다. 양털을 생산하기 위해서는 기름을 비롯한 불순물을 제거하고 양모를 두드리는 축융과정이 있다. 양털기름을 분해하기 위해서 알칼리성 용액에 적셔야 하는데, 가장 값싼 알칼리성 용액은 썩은 오줌이었다. 오줌통에 양모를 넣고, 7~8시간을 발로 밟고 쿵쿵거리고 있어야 했다.

중세 말기에도 우리가 아는 것보다 일반인의 생활수준은 훨씬 열악했다. 13~14세기가 되어서야 철을 이용해서 튼튼한 집을 지었다. 그 전에는 겨울을 날 때 덮개 없는 아궁이와 짚더미가 있는 고원의 낡은 움막에서 벽난로나 수돗물도 없이 바람과 눈을 견뎌야 했다. 장갑도 없이 언 손으로 일을 했다. 비누, 치약, 빗도 없었다. 중세 인구의 대다수는 아마도 원시의 자연상태로 살았을 것으로 추측된다.

근대시대의 백인 노예들

근대시대의 노예라고 하면 아프리카의 흑인노예만을 생각하는데, 사실 백인들의 계약노예가 먼저 있었다. 유럽에서 대서양을 건너 신대륙으로 향하는 정기 항로는 이런 백인 계약노예 수송과정에서 발달했다. 『자본주의와 노예제도(홍가빈)』에 의하면 1683년에는 백인노예들이 버지니아 인구의 6분의 1을 차지했으며 18세기에 북아메리카 펜실베이니아로 이주한 인구의 3분의 2가 백인노예들이었다. 식민시대 북아메리카의 백인노예 인구는 약 25만 명을 넘었다. 이렇게 많은 백인노예를 공급하기 위해 급기야 런던이나 브리스틀 같은 대도시에서는 인신유괴가 정식사업으로 인정받기도 했다.

죄수들도 역시 백인노동력의 또 다른 공급원이었다. 잉글랜드에서 사형에 처할 수 있는 범죄가 무려 300종이나 되었다. 심지어 1실링을 넘는 현금이나 5실링을 넘는 가치를 지닌 물건 또는 말이나 양을 훔치거나 귀족의 사유지에서 토끼 같은 하찮은 동물을 잡아도 교수형에 처해질 수 있었다. 또한 옷을 훔치거나 가축을 도살하거나 공직자들의 공무집행을 방해해도 유배형이나 추방형에 처해질 수 있었다. 1667년에는 3실링 4펜스짜리 물건을 훔친 아내를 사형 대신 추방형에 처해달라는 탄원서가 제출되기도 했다.

19세기 오스트레일리아 식민지 개척도 죄수들이 없었다면 불가능했다. 죄수의 노동력은 정착민들에게 베풀 수 있는 사은품과 같았다.

특히 1640년부터 1740년까지 영국에서는 정치혼란으로 인해 백인 계약노예가 크게 늘었다. 올리버 크롬웰(Oliver Cromwell, 1599~1658)의 잉글랜드에 정복당한 스코틀랜드인들은 이전에 정복된 아일랜드인들과 같은 취급을 당했다. 1661년에는 퀘이커교도들이 추방당했고 100파운드를 낼 수 없는 가난한 자들은 버지니아와 뉴잉글랜드를 제외한 해외의 식민농장들로 추방당했다. 반란에 동참한 자들은 10년간 계약노예로 복역하라는 판결을 받고 바베이도스 섬으로 보내졌다.

백인 계약노예들은 콩나물시루처럼 비좁은 선창에 짐짝처럼 적재되었다. 개인침대의 폭은 60센티미터였고 길이는 180센티미터에 불과했다.

이와 같이 노예는 흑인만 있었던 것이 아니다. 산업혁명 이전에는 다양한 가난한 자들이 존재했고 그들의 생활수준은 노예 그 자체였다. 그러다 백인노예가 부족해지면서 비용도 더 저렴한 흑인노예가 활용되기 시작했다. 백인 한 명을 10년간 계약노예로 부릴 수 있는 비용이면 흑인 노예 한 명을 살 수 있었다.

흑인노예제도를 흔히 자본주의의 탐욕 때문이라고 생각한다. 과연 흑인노예제도가 자본주의 때문에 발생했는가? 카리브 해 사탕수수 플랜테이션에서 흑인노예노동이 백인 계약노동을 대체한 것은 17세기 중반이다.

예를 들면 1645년 바베이도스 섬에는 백인 농민 1만 1,200명과 흑인 노예 5,680명이 있었다. 그런데 1667년에는 흑인 노예가 8만 2,023명으로 증가했다. 백인인구가 5분의 2 넘게 감소할 동안 흑인인구는 무려 11배 넘게 증가했다.

버지니아와 메릴랜드의 담배농장의 1670년 흑인 노예 인구는 총인구의 12분의 1에 불과했지만 1730년에는 4분의 1로 증가했다. 이렇게 흑인노예가 많아진 것은 17세기이다. 그런데 마르크스는 공장제 기계공업이 확산되면서 임금노동자가 많아지면서 결국 자본과 노동의 분리를 특징으로 하는 자본주의가 시작된 것이 영국의 산업혁명 이후라고 주장한다. 그런데 (학자에 따라 다르지만) 영국 산업혁명이 시작된 시기는 일반적으로 1760~1770년경이라고 보기 때문에 자본주의가 시작된 것은 결국 18세기 후반이다. 따라서 흑인노예제도는 자본주의가 시작되기 이전에 이미 확산된 것이다.

신마르크스주의자로 분류되는 임마누엘 월러스타인이나 브로델 등은 마르크스의 착취개념을 유통분야로 적용하여 선진지역이 국제무역을 통해 후진지역을 착취한다는 세계체제론을 발전시켰다. 브로델은

"자본주의와 시장경제를 서로 다른 것"이라 주장하며 "자본주의는 자본가들이 자신의 이익을 위해 정치를 악용하는 체제"라고 규정한다. 자본주의를 이렇게 새롭게 규정하고 노예제도를 자본주의의 탐욕 때문에 발생했다고 인식하지만 사실 노예제도는 자본주의가 발생하기 수천 년 전에도 지구의 대부분 지역에서 존재했다. 아프리카 흑인들이 신대륙으로 팔려오기 수백 년 전 이미 거의 비슷한 수의 흑인들이 남쪽 아프리카에서 북쪽 사라센 지역으로 노예로 팔려갔다.

과거의 부자들

많은 사람들이 귀족들은 평민들보다 잘 먹고 잘 살았으므로 영양상태가 좋아서 병도 잘 안 걸리고, 따라서 평균수명이 훨씬 길었을 것으로 추측한다. 그러나 사실은 그렇지 않다. 영국의 역사 인구 통계학자 앤서니 리글리(Anthony Wrigley)는 교구기록부를 가지고 서민들의 평균 기대수명을 추정했다.

〈그림2〉는 10년마다 한 번씩 영국 귀족층의 기대수명이 어떻게 변화 했는지를 보여준다. 이 〈그림 2〉를 보면 1550년부터 1750년까지 공작 가문의 기대수명은 일반 서민과 비슷하거나 오히려 조금 더 낮았다. 그리고 1750년대 이후에는 귀족과 서민층의 기대수명이 차이가 나타난다.

이 연구가 말하는 의미는 귀족들은 서민보다 양호한 음식을 섭취했지만 페스트와 천연두를 유발하는 세균과 바이러스를 막거나 목숨을

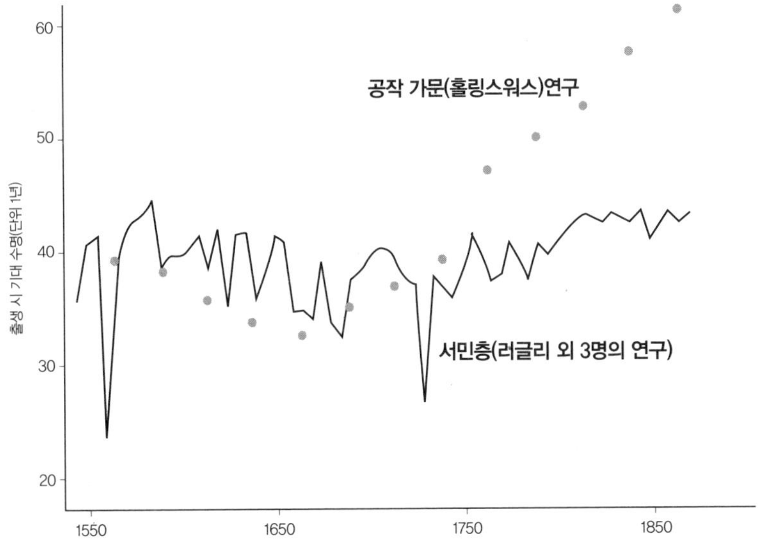

〈그림 2〉 서민층과 공작가문의 기대수명 비교 출처: 디턴, 『위대한 탈출』, [도표 3], 92쪽

빼앗는 형편없는 위생수준을 극복하지는 못했다는 것이다. 1550년부터 1750년까지 귀족 계층과 서민의 기대수명을 낮춘 요인은 영양실조가 아니라 질병이었다. 1750년대가 지나면서 귀족 계층의 기대수명이 서민 계급보다 길어지다가 1850년에 이르면 격차가 거의 20년까지 벌어진다. 1770년 이후부터는 일반 서민의 기대수명도 약간 증가하지만 크게 개선되지는 못했다.

이와 같이 산업혁명과 의술의 발전에 따른 혜택은 초기에는 특별한 계층에 한정되어 있었다.

자연 재앙 앞에서 무기력한 인간의 모습

과거에 가난한 인간이 자연재앙 앞에 얼마나 무기력했는지 보여주는 자료가 많이 있다. 주경철 교수가 『히스토리아』에 소개한 '인류에게 닥쳤던 최악의 재앙'에 이런 내용이 소개되어 있다.

19세기 후반에 기상 악화로 세계 각지에 극심한 재앙들이 발생했다. 1876년부터 1879년까지 무려 4년 동안 계절풍이 불지 않아 아시아 여러 지역에 역사상 유례를 찾을 수 없을 정도로 심각한 가뭄이 들었다. 가장 극심했던 곳은 인도로 거의 1,000만 명(!)의 아사자가 발생한 것으로 추정된다. 이 밖에도 자바, 필리핀, 조선, 브라질, 남아프리카, 마그레브에서도 가뭄과 기근이 보고됐다. 1889년부터 1891년 사이에 다시 인도, 조선, 브라질, 러시아, 아프리카에 기근이 있었다. 이때 수단과 에티오피아에서는 전체 인구의 3분의 1이 사망했다고 한다. 다시 1896년부터 1902년에 열대 지방 전역과 중국 북부에서 극심한 가뭄과 기근이 발생했다. 세 번에 걸친 이 재앙으로 전 지구적으로 죽은 사람의 수는 약 3,000만~5,000만 명으로 추산된다. 이런 현상은 전 지구적인 차원에서 공통적으로 일어났는데 엘니뇨 현상 때문이라는 사실을 최근에야 알게 되었다.

당시 기근의 현장은 지옥도를 연출했다. 1877년 인도 마이소르에서는 굶주린 여성들과 아이들이 들판에서 이삭을 줍다가 잡혀가서 낙인이 찍히고 고문당했으며 코가 잘리거나 심지어 살해당했다. 폭도들은 지주들과 촌장들을 공격했고 곡물 창고를 약탈했으며 심지어 가족들을

산 채로 불태워 죽이기까지 했다. 굶다 못해 정신이 이상해지면서 식인 형태가 벌어지기도 했다. 기록에 의하면 "미친 사람 하나가 무덤을 파헤쳐 콜레라로 죽은 사람의 시신을 먹었고, 또 다른 사람은 아들을 죽여 그 시체를 먹었다."고 한다.

1877년 중국 산시성에서는 다음과 같은 기록이 있다. "사람 해골이 길에 놓여 있었다. 평균적으로 봐서 크기가 큰 현은 10만 명에서 20만 명이 사망했고, 작은 현에서도 5만~6만 명이 죽었다. 시체를 처리하는 유일한 방법은 커다란 구덩이를 파는 것이었다. 그 구덩이들은 오늘날에도 '만인묘'라 불린다. 죽은 아이들은 우물에 던져 넣었다.

사람들은 이웃들의 시신으로 연명했고, 사람 고기가 노상에서 공개적으로 팔리고 있었다. 부모들은 친자식을 차마 죽일 수 없어 아이들을 교환하여 잡아먹었다. 남편이 아내를 먹고, 자식이 부모를 먹었다."

물론 이런 재앙의 원인이 자연재해 때문만은 아니다. 최소한의 구호 역할을 하던 전통 마을 체제가 붕괴되었던 것도 중요한 원인이다. 이러한 대흉년 기간인 1877~1878년에 인도에서 유럽으로 밀이 32만 톤이나 수출됐다. 이렇게 곡식이 소수에게 집중되어 기아의 피해가 더 컸지만 기본적으로 기아의 원인은 자연재해를 극복할 만큼 생산성이 높지 못했기 때문이었다.

유럽도 마찬가지였다. 유럽에서 일기불순으로 가장 피해가 컸던 시기는 1692~1694년을 꼽는다. 2년 연속 흉작이 이어지자 굶주린 사람들의 몸이 약해져 티푸스나 괴혈병 같은 질병으로 큰 피해를 입었다. 이 두 해 동안 프랑스에서 굶고 병들어 죽은 사람들의 수가 (연구에 따라 다르지만) 최소 160만 명, 최대 283만 7,000명에 달했다. 이 수치는 제1차 세계대전 당시 프랑스의 사망자와 같은 수준이다. 그렇지만 17세기 프랑스의 인구는 20세기 초반에 비해 절반 수준이었고, 또 제1차 세계대전처럼 4년이 아니라 2년이라는 짧은 기간 동안에 일어났다는 것을 감안하면 같은 수치라 해도 훨씬 더 심각한 의미를 띤다. 나폴레옹 전쟁, 1870~1871년의 프랑스-프로이센 전쟁, 심지어는 제2차 세계대전도 이처럼 단기간에 그토록 많은 희생자를 내지는 않았다.

산업혁명의 효과 - 낙관론자들의 견해

산업혁명 이후에 마르크스는 노동자들의 착취에 대해서 비난을 했지만, 노동자들의 삶의 질이 오히려 개선되었다는 주장도 많이 있다. 전체적으로 본다면 노동자들의 경제적 지위는 국민소득이 증가함에 따라 증가했다. 클레팜(J. H. Clapham)은 산업혁명으로 인한 경제발전은 1830년대에 그친 것이 아니라 연속된 과정이고 끊임없이 전진하는 것이라고 주장했다. 또한 애시턴(T. S. Ashton)도 산업혁명으로 등장한 공장제도는 고용을 규칙적으로 만들어 소비를 안정화시켰으며, 가격하락으로 종전에는 특권층만 누릴 수 있었던 설탕, 홍차 등도 1820년대 이후에는 노동자들도 누릴 수 있었다는 점을 볼 때 산업혁명으로 노동자의 삶의 질도 개선되었다고 보아야 한다고 주장했다. 16세기 네덜란드에서는 귀족들만 육류를 섭취할 수 있었다. "가난한 마을 사람들은 육류를 거의 보지 못한다. 그들은 순무 뿌리, 구운 양파, 오래되고 마른 빵을 먹거나 찐득한 호밀빵과 소량의 맥주를 마셨다. 대부분 저녁식사는 남은 빵을 우유에 적신 죽이 전부였다."

"1900년경, 미국인들은 식량을 사는 데 소득의 46퍼센트를 썼지만, 지금은 14퍼센트만을 사용한다. 이 기간 동안 빵값은 70퍼센트 하락했으며, 우유와 토마토의 가격은 82퍼센트, 닭의 가격은 91퍼센트, 계란은 94퍼센트 하락했다. 이것은 3~5배에 이르는 농업 생산성의 놀라운 향상과 물류 개선, 순간 냉동과 같은 보관기술의 발달, 정제과정의 향상, 소매 물류의 획기적인 변화 덕택이다. 1970년 이후 미국 슈퍼마켓의 평균 품목 수는 7,800개에서 1만 9,600개로 늘었으며 판매원의 수, 영업시간, 전체 매장 면적도 확대되었다. 식료품 가격은 지속적으로 하락했으며, 바코드 스캐너와 재고관리 시스템이 발달하면서 같은 식료품 항목이라 하더라도 가격 편차가 천차만별로 다양화되었다. 자유시장경쟁에서 소비자 개개인의 독특한 수요를 충족하기 위해 끊임없이 노력한 결과, 미국 식료품점의 상품은 놀랍도록 다양해졌다. 지난 2세기 동안 곡물의 수는 34개에서 192개로, 샐러드드레싱은 79개에서 260개로, 치즈는 65개에서 300개로, 세탁비누와 세제는 12개에서 48개로, 음료수는 26개에서 252개로 늘었다. 우유를 찾으려면, 전유(whole milk), 저지방우유, 1퍼센트·2퍼센트·3퍼센트 우유, 락토스 없는 우유, 초콜릿 우유, 유지가 많이 들어있는 크림(heavy cream), 우유와 크림의 혼합물, 종합 크림 가운데 선택해야 한다.

이 밖에도 테일러(A. J. Taylor)나 하트웰(R. M. Hartwell) 등 많은 경제

사학자들은 산업혁명 기간에 노동자의 생활수준이나 1인당 국민소득이 증가했다고 주장했다. 산업화 초기 노동자의 소득수준(소비생활)은 산업화 이전보다 높아졌다. 산업혁명 초기에 발생한 여러 문세들은 노동입법과 노동조합의 발달로 많이 극복되었다.

사실 초기 산업자본주의에 대한 비난은 정치적인 이유로 생긴 것이 더 많았다. 노동자 계급이 정치의 새로운 변수로 등장하기 시작했는데, 그 이전에는 이들의 어려움이 노출되지 않다가 공장이 확산되면서 노동자들이 세력화되어 더 크게 부각되었던 것이다.

무엇보다 산업혁명의 가장 중요한 효과는 장기적인 효과이다. 산업혁명으로 인한 복지의 증대는 하루아침에 이루어지지 않았다. 아놀드 토인비의 계산에 따르면 1840년에 일반 노동자의 주급은 8실링(shilling)으로 최저생계비의 절반을 약간 웃도는 수준에 불과했으며, 이는 산업혁명 전에 비해서 낮은 수준이었다. 그래서 근로자들은 아이들이나 부인들을 방적공장에 보냈다. 그러나 산업혁명의 장기적 효과는 1870년부터 나타나기 시작했다. 생필품의 가격 증가율보다 급여의 증가율이 빨랐고, 근로시간도 줄어들었다.

보다 장기 데이터를 보면 영국 산업혁명 이후에 놀라울 만큼 급속하게 경제가 성장했다는 것을 한눈에 알 수 있다. 〈그림 3〉은 1세기부터 2000년 간의 세계 평균 1인당 소득을 1900년도 달러를 기준으로 인플레이션을 고려하여 추계한 것이다. 메디슨(Maddison)은 이러한 장기 추계에 큰 기여를 하였다. 이 그래프에서 보듯이 세계 전체 평균으로 보아도 1800년 영국의 산업혁명을 즈음해서 세계는 연평균 1퍼센트 이상의 근대적 성장을 달성했다. 인류는 자본주의로 인해서 질병과 가난에서 벗어나 인간다운 삶을 영위할 수 있었다. 과거에는 소수의 지배계층만이 경제적 염려 없이 살았다.

이것이 자본주의의 공로이다. 자본주의가 된 이후에 비로소 일반대중의 행복에 관심을 가질 수 있게 되었다. 지금은 지구의 일부만이 가난하지만, 자본주의가 시작되기 전에는 모든 지역이 다 가난했다. 자본주의로 인해서 인구도 폭증한 것이다. 맬서스의 트랩에서 벗어나서 인구가 증가할 수 있게 된 것도 바로 자본주의 때문이다.

또한 〈그림 4〉에서 보는 바와 같이 영국 산업혁명이 일어나기 이전에는 선진국이나 후진국이나 못살기는 마찬가지였다. 로버트 루카스에 의하면 1800년경 세계에서 가장 선진지역인 영국조차 가장 못사는 나라에 비해서 국가 전체적으로는 2~3배 정도 잘사는 데 그쳤다. 경제성장은 의학의 발전과 동시에 육체적 질병의 하락, 기대수명의 상승으로 이어졌다. 그리하여 〈그림 5〉에서 보는 바와 같이 세계 인구도 놀랍게 증가하였다.

이렇게 인구가 폭발적으로 증가함에 따라 절대빈곤층의 인구도 1800년대의 9억 명 수준에서 2000년대에 약 13억 명 수준으로 증가했지만, 전체 인구 가운데 절대빈곤 인구가 차지하는 비율은 같은 기간 중에 80퍼센트에서 30퍼센트 이하로 현저히 줄어들었다.

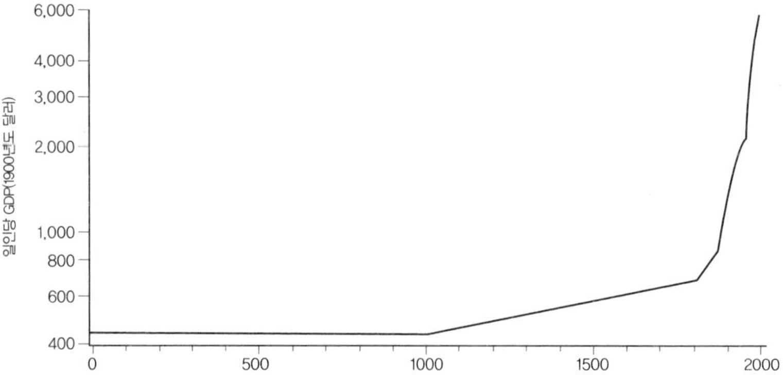

〈그림 3〉 세계 평균 1인당 GDP(인플레이션 반영) 출처: 번스타인, 『부의 탄생』 39쪽. 그림 1-4

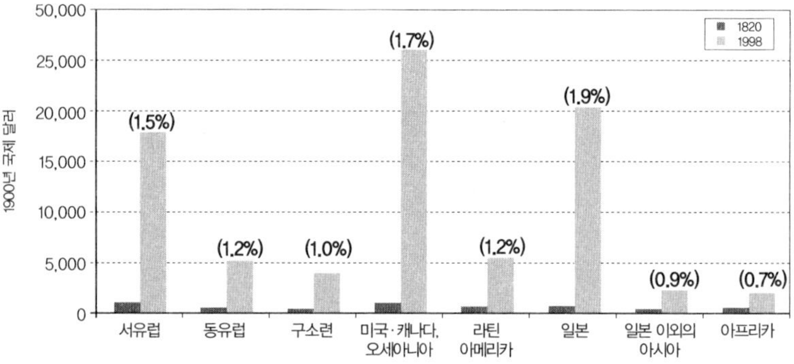

〈그림 4〉 지역별 1인당 GDP 출처: 제프리 삭스, 『빈곤의 종말』, 57쪽

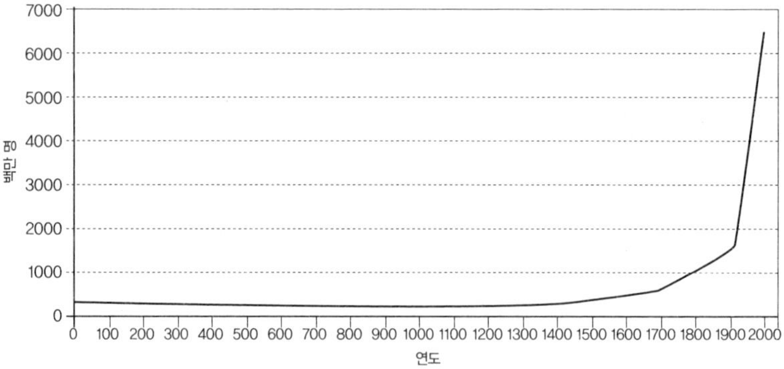

〈그림 5〉 세계 인구 출처: 제프리 삭스, 『빈곤의 종말』, 55쪽

자본주의의 대안, 공산주의

자본주의를 반대하면서 공산주의를 도입한 구소련이나 중남미, 또는 아프리카 국가들은 기아와 저성장을 벗어나지 못했다. 뿐만 아니라 인권도 보장이 안 되었고, 수많은 사람들을 살생했다.

구소련의 스탈린은 1935년에 반혁명 즉결 재판을 통해 약 100만 명 정도의 사람들을 처형했다. 정치범들을 강제노동으로 동원하여 1937년 공업생산 총액이 미국에 이어 세계 2위로 올라섰지만, 스탈린의 경제 정책이 한계에 달하자 구소련은 붕괴의 조짐이 보였다. 경제발전의 불균형, 중공업과 군수산업에 편중된 구조, 경공업과 농업의 쇠락 등으로 인해서 공업생산량은 증가했으나 국민들의 생활은 여전히 과거와 다를 바 없었다. 스탈린 사후 인구당 곡물생산량이나 인구당 육류생산량은 차르 러시아 시대의 생산수준에도 미치지 못할 정도였다. 결국 관료주의 만연 등으로 인해 1991년 구소련이 해체되고, 소련연방에서 독립한 각국은 이제 자본주의를 도입하고 있다.

중국의 경우 소련과 달리 해체되지 않았지만, 사회주의 시장경제로 방향을 틀었다. 1950년대 후반에 소련과 이념적으로 갈라서게 된 중국은 자력갱생을 위한 대약진운동에 들어서게 되었다. 기술적 기반이 부족한 상태에서 영국보다 철강생산을 더 많이 한다고 온 인민을 제철사업에 총동원하고, 관료주의에 물들어 보고된 숫자만 믿은 결과 90퍼센트는 쓸 수도 없는 철강을 양산하기도 했다.

또 참새가 곡식을 많이 먹어서 해롭다고 해서 참새를 잡으라는 교시를 내려서 1~2년 만에 전국의 참새 씨를 말린 결과 병충해가 극심해서 1957~1960년 사이에 자연재해로 수천만 명이 굶어죽기도 했다.

공식발표로는 굶어죽은 사람의 수가 1,000만 명이라고 하지만, 최고 7,000만 명이 죽었다는 주장이 있을 정도이다. 객관적으로 볼 때 평균적으로 2,000만 명 정도 죽은 것으로 보인다.

게다가 1966년부터 1976년까지 문화대혁명으로 인해서 수많은 문화유산이 파괴되고 학자들과 문인들이 죽거나 강제노동을 당했다. 이 문화혁명 당시에 홍위병과 당권파가 서로 싸우면서 죽인 인원이 1,000만 명에 달한다. 우리나라의 광주항쟁 사망자와 비슷한 100명 이상의 사상자를 낸 무장투쟁사건이 9,790건에 이른다고 하니 그 규모를 알 수 있다. 이 10년 동안 계속된 문화혁명으로 인해서 중국의 교육이 마비되고 대학은 문을 닫았으며, 교수들은 농촌이나 공장 같은 생산현장에 가서 노동을 했다.

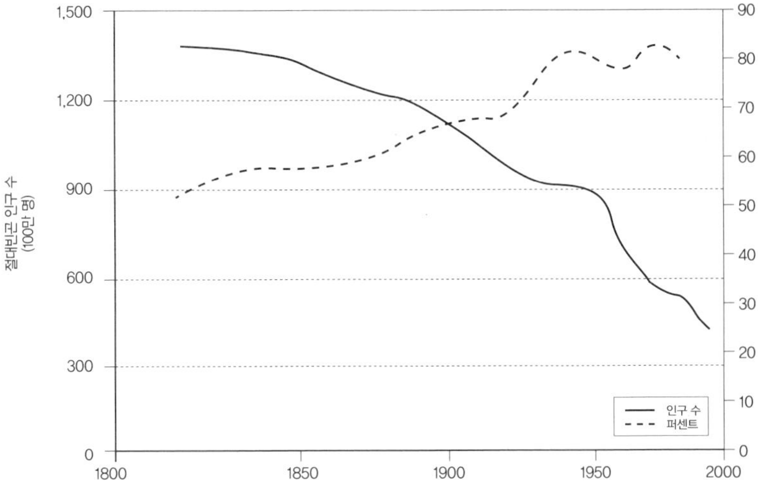

〈그림 6〉 세계의 빈곤 출처: 제프리 삭스 『커먼 웰스 – 붐비는 지구를 위한 경제학』, 76쪽.

지금도 역시 가난한 나라들은 빈곤에서 탈출하지 못했다. 방글라데시에서는 5~14세 사이의 아동 중 14퍼센트가 주당 43시간 이상의 강도 높은 노동을 하면서도 하루에 평균적으로 1달러도 채 벌지 못하고 있다.

맺음말

빈곤에서 탈출한 선진국 사회에서는 어느 정도 성장을 희생하더라도 빈부격차를 줄이려는 노력이 필요하다고 생각한다. 그러나 빈부격차를 줄이기 위해서 다시 가난한 시절로 돌아갈 수는 없는 것이다. 빈부격차를 없애려고 시도했던 공산주의 국가들이나 중남미 국가들은 가난의

나락으로 떨어졌다. 빈부격차를 효과적으로 극복하기 위해서는 그 원인을 제대로 파악할 필요가 있다. 빈부격차의 원인이 자본주의 때문이라는 선입견을 가지고 자본주의를 거부했던 공산국가들의 오류를 되풀이해서는 안 된다. 더 큰 문제는 가난한 사람들을 어떻게 빈곤에서 탈출시킬 것인가 하는 문제이며, 이 문제를 해결하는 데 자본주의가 크게 기여했다는 것을 강조하고자 한다.

5장

기업격차는 자연스러운 현상

—

최승노(자유경제원 부원장)

세상의 것들이 서로 다른 것은 자연스럽다. 사람이나 사물이 서로 다르고 차이가 있다는 것은 이상하지 않고 당연하다. 사람들이 모두 똑같은 생각을 하거나 추구하는 것이 하나인 경우는 현대사회에서 좀처럼 일어나지 않는다. 다양한 의견이 존재하고, 다양한 해법이 존재한다. 하나의 정답만 강요될 수 없는 시대이다.

격차는 문명이 고도화된 사회에서 흔히 관찰할 수 있는 현상이다. 차이의 다른 말이기도 하다. 하지만 격차(gap)라는 말은 차이(difference)라는 말과는 달리 사회적으로 문제의식을 가진 말이다. 차이가 있는데, 그것을 해소했으면 하는 의도를 담고 있다. 빈부격차, 소득격차, 지역격차, 임금격차, 가격격차, 경제격차, 기업격차, 세대격차, 정보격차를 모두 뭉뚱거려 격차사회라고 하기도 한다. 공통적으로 문명의 발달로 생겨난 현상에 대한 부정적 해석이다. 주로 경제현상에 집중되어 있고, 자본주의 발전과 함께 사회 이슈로 야기된 것들이다.

이 글은 그런 격차에 대한 설명이다. 문명이 고도로 발전하면서 야기된 격차라는 현상들은 그렇게 부정시할 것들이 아니라는 이야기다. 특히 기업격차처럼 경제 분야의 격차는 사람들이 더 나은 삶을 살게 되면서 나타나는 현상으로 만약 이를 억지로 줄이려고 하거나 통제하는 것은 오히려 문명의 퇴보를 가져와 진보로 나아가는 길을 막을 수 있음을 지적하고자 한다.

격차는 자연스러운 질서

문명이 발달하다 보면 다양한 세계가 열린다. 과거에는 없었던 것들이 생기고 그 분야는 다른 분야와 차이를 갖는다. 또 과거에 존재했던 분야에 새로운 기술혁신이 발생하면 기존의 방식보다 뛰어난 성과로 인해 격차를 키운다. 이런 과정은 인류의 삶이 나아지는 과정이며, 자연스런 질서이다. 자연스럽다고 표현한 것은 그런 현상에 좋거나 나쁘다는 의미를 부여하지 말고, 인위적으로 그것을 교정하겠다고 덤비지 말라는 뜻이다.

반자본주의론자들은 자본주의가 부의 불평등을 야기해 부익부빈익빈 현상을 심화시킨다고 말한다. 하지만 불평등은 자유경쟁의 기회조차 주어지지 않는 사회, 즉 법치보다는 인치 하에 가문이나 혈통 혹은 특정 단체에 소속된 소수의 사람들에 의해 지배되는 사회에서 더욱 극명하게 나타난다. 그래서 번영과 평등, 안전을 약속하며 모든 자원을 소유하고 분배하는 사회주의 국가에서야말로 빈곤과 불평등이 훨씬 극심하게 나타난 것이다. 1991년 사회주의 국가인 소련이 붕괴하고 그 뒤를 이어 동유럽 국가들이 잇따라 자본주의 체제를 받아들이게 된 것도 사회주의의 구조적 병폐를 해소한 단적인 예라고 할 수 있다.

사실 자본주의 사회에서는 누구나 법 앞에서 평등하며, 어느 누구에게도 법적인 특권이 주어지지 않기 때문에 누구에게든 경쟁을 통해 부자가 되거나 성공할 수 있는 기회가 주어진다. 그래서 누구나 자신이 원하는 분야에 도전할 수 있고, 그 일에 최선을 다해 실력을 인정받게 되면 '부(富)'라는 대가를 얻을 수 있다. 김연아처럼 세계적인 스포츠 선수나 인기 연예인들이 최고의 위치에 올라 엄청난 수입을 벌어들이는 것도 그들이 속한 분야에서 들인 남다른 노력과 실력을 인정받은 대가라고 할 수 있다.

그런 의미에서 자본주의 사회에서 소득격차나 상대적 빈곤이 나타나는 것은 오히려 자연스러운 현상으로 이해할 수 있다. 각자 일하는 분야에 따라 사회적 기여도나 전문성, 위험 부담, 수익 규모 등이 다르기 때문에 소득이 다를 수 있고, 또 같은 분야에서 일하는 사람들이라도 저마다 다른 재능, 다른 노력, 다른 경력을 가졌기에 좀 더 뛰어난 성과를 내는 사람이 더 많은 보수를 얻고 더 많은 혜택을 누리는 것은 당연한 일이다. 반대로 더 많은 재능을 가지고 더 많은 노력으로 성과를 냈음에도 불구하고 그렇지 못한 사람들과 똑같은 대우(소득)를 받아야 한다면 그것이야말로 불평등한 일이라고 할 수 있다.

누구나 그런 일을 할 수 있도록 개방된 분야에서 이루어진 성과는 그것을 이룬 사람들의 것이다. 그런 분야에서 다른 사람의 소득이나 재산이 많다고 비난하거나 사회적으로 뺏으려 해서는 곤란하다. 오히려 정부가 소수의 사람들에게 그 일을 할 수 있도록 자격증을 발부하였거나, 그 사람들만 할 수 있도록 독점을 허용한 분야에서 발생한 소득격차는 사회가 인위적으로 제공한 것이라서 사회적 책임이 따른다.

양극화 논리는 틀렸다

소득의 양극화로 인한 빈부의 격차문제는 반자본주의자들이 자본주의에 대해 비판할 때마다 빠지지 않는 단골 메뉴이다. 과거부터 반자본주의자들은 '유전무죄 무전유죄(有錢無罪 無錢有罪)'라는 자조적인 표현을 섞어가며 소득 재분배와 복지정책을 통해 양극화를 해소해야 한다고 주장해왔다. 하지만 격차는 해소해야 하는 것이 아니다.

부익부빈익빈의 양극화 논리는 틀렸다. 자본주의 사회는 결코 돈 있는 사람만을 위해 존재하는 세계가 아니다. 개인의 자유의지를 존중하고 노력 여하에 따른 계층 간의 이동이 가능한 사회다. 근대 이전의 사회가 신분제의 제약에 묶여 타고난 계급이 죽을 때까지 유지되었던 것과 달리 자본주의 사회에서는 만인의 평등이 기본으로 전제될 뿐만 아니라 개인이 얼마나 노력을 했느냐에 따라 사회적 지위 변화가 자유롭다. 타고난 신분이 아니라 자신의 능력에 따라 얼마든지 자기 삶을 결정하고 경영할 수 있는 권리가 철저히 보장되는 사회는 오로지 자본주의 사회뿐이다.

게다가 자본주의는 사유재산을 인정하고 노동생산성을 제고시켜 경제성장을 촉진한다. 그리고 결과적으로 사회 전체의 부를 늘려 모두가 잘사는 사회로 이끌고 나간다. 여기서 중요한 사실은 자본주의가 경제성장을 통한 사회적 부의 증가를 견인하지, 개개인의 소득에 관여하지는 않는다는 점이다. 자본주의는 개인의 자유와 사유재산을 보장하는 만큼 개별적 혁신의 성과 역시 존중한다. 따라서 자본주의에서 소득격차는 개인의 혁신적 노력의 성과이지, 결코 부작용이나 해악이 아니다. 누군가 성공은 일시적으로 운이 따른 결과일 수 있다. 그렇다고 운만으로 장기적인 성공을 이룰 수는 없다.

더구나 자본주의는 가장 효과적인 빈곤퇴치법이다. 1980년대에는 신자유주의 경제정책에 힘입어 빈곤해소정책이 소득 재분배에서 경제성장으로 전환되었다. 그 결과는 놀라웠다. 경제성장이 촉진되면서 전세계적으로 빈곤층이 감소한 것이다. 이는 고소득층에서 저소득층으로 소득이 이전된 것이 아니라 경제성장을 통해 사회 전체의 부가 증대되면서 저소득층의 소득까지 향상되었기 때문이다. 그 덕분에 1970년대 중반부터 나타난 저소득층의 소득 정체 및 경제성장 정체가 매우 효과적으로 해소되었다.

1970년부터 2005년까지 세계 빈곤층의 비중은 가파르게 하락했다. 자본주의가 우리 삶의 질적 향상과 빈곤문제 해결에 얼마나 기여했는지를 확인할 수 있다. 하루 1달러 이하로 연명하던 빈곤층 비율이 현저하게 하락한 현상은 가히 경이로울 정도이다. 1970년까지만 해도 세계 인구의 26.8퍼센트에 달하던 세계 최빈곤층이 2006년에 무려 5.4퍼센트로 감소했다. 40년이 채 안 되는 기간에 약 80퍼센트의 인구가 최빈곤층을 탈출한 셈이다.

현실에서 가난, 빈곤, 불평등한 상태는 오히려 발전을 위한 좋은 기회를 제공한다. 그런 어려운 것들로 인해 새로운 시도가 이루어지고 발전이 촉진된다. 결과의 불평등은 미래의 성공을 위한 디딤돌이다.

격차를 이해하라

인류는 권력을 통해 부와 재화를 나누던 만민의 투쟁상태에서 서로 도움을 주고받는 협력을 통해 부와 재화를 늘리는 시장경제로 나아갔다. 시장경제가 그 바탕을 이루는 질서로 서로에게 도움을 주며 발전한 체제가 자본주의이다. 자본주의는 서로를 믿고 거래하고 약속을 지키는 협력 사회로 나아간 가장 수준 높은 문명 형태로 다른 대안은 존재하지 않는다.

시장이 커지면서 협업이 늘어났다. 서로 돕고 남의 일을 도와주는 비즈니스가 기하급수적으로 증가한 것이다. 사람들이 아름답다고 말하는 협동, 단결이라는 현상이 시장을 통해 자발적으로 증가했다. 특히 현대적 도시를 통해 익명성 속에서도 신뢰를 바탕으로 하는 협동체를 유지할 수 있게 되었다. 서로 몰라도 속이기 어려운 사회, 서로 다르다는 점을 인정하고 존중하는 사회가 되었다. 자본주의 협력체로 발전하였다.

시장경제 시스템이 워낙 고도로 발전한 체계라서 이성적이고 높은 지식을 가지고서야 이해할 수 있는 문명체라는 점은 그 과정에서 실패하고 낙오한 사람들에게 많은 오해와 감성적 질시를 불렀다. 그런 감정이 집단화하고 정치화하게 되면 인기영합 정책이 나오게 된다. 자본주의가 성공해서 생겨난 현상이 자본주의 반대세력의 존립기반을 제공한 셈이다.

경쟁을 발전의 핵심원리로 삼는 시장경제 사회에서 '부익부'라는 말도 틀렸고, '빈익빈'이라는 말도 틀렸다. 기존의 부를 가지고 있다고 해서 그 위치가 계속 유지되기 어렵다. 더 큰 부가 시장의 발달과정에서 새롭게 나온다. 기존의 부는 새로운 부에 자리를 내준다. 세계 부자들은 그렇게 나왔고 앞으로도 계속 새롭게 나올 것이다.

하지만 자본주의 이전의 시대에 권력의 세습문제는 심각했다. 왕, 귀족, 특권층이 부와 권력을 독점하고 새로운 진입이나 경쟁을 막았다. 그렇게 자신의 지위를 유자하다 보니 사회의 활력이 크지 않았다. 하지만 자본주의가 발전하면서 세습문제는 대부분 해소되었다. 시장경제에서는 늘 새로운 진입자, 잠재적 경쟁자가 있거나 있을 수 있는 가능성에 의해 사회 활력은 유지되고 새로운 성공신화가 생겨난다.

세계 최고 부자인 빌 게이츠는 대학을 중퇴하고 자수성가했다. 우리 사회에도 자수성가한 많은 기업인, 스포츠 스타, 연예인이 즐비하다. 빌 게이츠는 지금 세계 1등 부자이다. 그만큼 인류의 삶을 진전시키는 데 공을 세운 사람이 없다는 뜻이다. 그는 마이크로소프트의 윈도 등을 통해 사무생산성을 혁신적으로 높여놨고 인류의 소득 증가에 엄청나게 공헌했다. 부의 서열은 사람들을 도운 순위이다. 사람들을 잘 도와주는 것이 비즈니스의 본질이다. 거기에 성공한 사람들이 부자가 된다. 물론 그가 이룬 혁신보다 더 큰 혁신을 이루는 사람이 나온다면 그가 빌 게이츠를 제치고 새롭게 1등 부자가 될 것이다. 빌 게이츠가 경쟁을 통해 새롭게 부자가 된 것처럼 말이다. 그래서 경쟁은 아름답고 그런 경쟁을 통해 인류의 삶을 개선해 나가는 자본주의는 정의로운 체제인 것이다.

사람들이 더 나은 경제행위를 하기 위해 만든 문명의 이기(利器)가 바로 기업이다. 기업은 경쟁체이며, 경쟁의 단위(unit)이다. 사람들이 연합해서 경제적으로 활동하는 조직이다. 이 기업을 통해 사람들은 원하는 것을 더 잘 만들 수 있다. 심지어 상상 속에 존재하던 것도 만들어 낸다. 한 마디로 경쟁을 더 잘 할 수 있다. 기업이 경쟁에 워낙 뛰어난 방식이다 보니 시장경쟁의 보편적 경제단위가 되었다. 기업의 형태도 점차 고도화하고 발전했다. 협동조합보다는 주식회사가 시장을 주도했고, 가내수공업이나 자영업은 점차 도태되고 대기업이 경쟁의 주체가 되었다. 경제목표를 효과적으로 달성할 수 있는 기업들이 살아남았다. 그 성공 요소는 효율성, 유연성, 적응성이었다. 세계 1등 부자들이 바뀌는 것처럼 기업세계도 늘 바뀐다. 패러다임이 바뀌면 거기에 적합한 기업문화를 가진 기업이 선두로 나선다. 기존의 기업은 뒤처지고 순위 변동이 생긴다.

지금 현존하는 기업들은 진화의 결과이다. 많은 소비자로부터 선택받는 기업은 대기업으로 존재할 수 있고, 소수의 소비자로부터 선택받는 기업은 규모가 클 수 없다. 이를 두고 너무 크다 작다고 말하는 것은 세상 이치를 모르고 하는 소리이다. 소비자라고 불리는 개인들이 선택한 결과는 그냥 받아들이는 것이 좋다. 인류가 선택한 결과를 두고 이를 격차라는 말로 폄하하면서 억지로 고치고자 한다면 이는 순리를 거스르는 잘못된 일이다.

재벌이라 부르지 마라

산업혁명 당시만 해도 기업은 크지 않았다. 가내수공업 수준이었다. 애덤 스미스가 분업의 원리로 예를 든 것은 핀 공장이었다. 솜씨 좋은 장인도 혼자서 하루 한 개의 핀을 만들기 쉽지 않지만, 철사를 늘이고 자르고 갈고 핀 대가리를 붙이고 두드리는 공정 18개를 나누어 일을 했더니 숙련되지 않은 10명의 노동자가 하루에 4만 8,000개의 핀을 만든다는 것이다. 혼자서 무언가를 하던 방식에서 보면 핀 공장처럼 분업화된 방식은 큰 위협이 된다. 하지만 지금 기준으로 보면 공장형 수공업 수준에 불과하다.

미국으로 건너온 산업혁명의 물결 속에서 큰 기업이 나왔다. 포드는 자동차 생산을 표준화하여 라인 작업을 통해 대량생산하는 방식(포디즘)을 만들었다. 대규모의 생산시설을 갖춘 거대기업이 획기적으로 생산성을 높이며 싼 가격의 제품을 대규모로 시장에 공급했고 소비자들은 그 혜택을 누렸다. 당시 미국의 기업가들은 그런 대기업을 통해 나은 부자들이다. 우리나라에도 작은 내수시장을 뛰어넘어 세계시장을 상대로 기업을 일군 대기업이 나왔다. 이처럼 현대 자본주의는 대기업이 혁신의 주체인 시대이다.

큰 혁신이 일어나면 엄청난 부가가치와 일자리 그리고 삶의 개선이 뒤따른다. 그런 과정에서 나오는 대기업은 칭찬받아야 할 존재이다. 혁신을 주도한 기업과 그렇지 못한 기업의 격차는 더 벌어지고, 그 격차는 성공의 결과로 드러난다.

우리 사회는 대기업들을 재벌이라고 부르며 폄하하고 있다. 재벌이라고 부르는 것은 잘못이다. 그저 대기업이거나 글로벌 기업일 뿐이다. 기업이 크다는 이유로 이를 부정시하는 것은 기업을 제대로 이해하지 못한 소치이다. 성공한 기업들은 명성을 얻고 브랜드로 그 가치를 인정받는다. 우리 기업들은 삼성, 현대, LG, SK 등 그 이름만으로도 인정받는 기업들이 많다.

삼성의 브랜드 파워가 가장 크다. 삼성전자가 세계 전자기업 가운데 매출액 면에서 미국의 애플과 일본의 파나소닉 등을 제치고 당당히 1위를 차지했다. 또한 삼성의 브랜드 가치는 세계 100개 업체 가운데 8위를 차지한 상태로 지난 10년간 무려 270퍼센트에 가까운 증가율을 나타냈다. 세계적인 브랜드 컨설팅 그룹인 인터브랜드는 매년 글로벌 100대 브랜드를 대상으로 가치를 평가 발표하는 보고서 「베스트 글로벌 브랜드」로 유명하다. 애플이 브랜드 가치 1위, 구글 2위, 코카콜라 3위, IBM 4위 등의 순서를 짚어볼 때 삼성이 아시아 국가 브랜드 가운데 일본, 중국 기업을 제치고 가장 높은 순위를 기록한 것은 큰 의미가 있다. 매출액 규모 면에서의 전자 분야 세계 1위라는 결과는 의미가 남다르다. 삼성은 국내 투자와 고용에서도 큰 비중을 차지한다. 삼성그룹은 2008년 말부터 2012년 말까지 25개 계열사에서 4만 5,000여 명의 일자리를 창출, 30대 그룹 중 가장 많은 고용 실적을 기록했고 2013년에도 5,039명을 추가로 채용해 높은 고용 증가율을 보였다.

삼성은 사회 공헌도 뛰어나다. 삼성 임직원은 사내 기부금 제도를 통해 매월 급여의 일정 부분을 사회 공헌기금으로 적립하는 것으로 알려져 있다. 회사는 임직원의 기부금액과 동일한 금액을 출연해 사회 공헌 사업을 펼친다. 또한 삼성은 매년 사회복지공동모금회에 기부를 하고 있는데, 2013년 무려 500억 원을 이웃사랑성금으로 내놓으면서 기부에도 앞장서는 모습을 보이고 있다.

삼성은 문화·교육·의료·보건 분야에서도 든든한 조력자 역할을 하고 있다. 해외 85개국에서 지역맞춤형 사회 공헌활동을 하고 있는 것은 물론, 다문화가족을 위한 사회 공헌에도 노력을 쏟고 있다. 충북 음성, 경북 경산, 전북 김제 등에 사회적 기업 '글로벌투게더 음성·경산·김제'를 각각 설립해 다문화가족을 위한 맞춤형 교육 서비스를 제공하고 있다.

세계시장에서 두각을 나타내면서 우리 경제수준을 높이는 삼성, 현대, LG, SK 등 대기업을 재벌이라고 부르며 반기업 정서를 조장하는 것은 옳지 않다. 이들 기업은 가장 투명성이 높고 뛰어난 지배구조를 갖고 있으며, 경영성과 또한 높다. 이들 대기업이 우리 기업문화 전반의 수준을 높이고 있음을 인정할 필요가 있다.

우리 기업들은 세계가 부러워하는 성공 모델이다. 국내에서 재벌이라며 비판받는 기업문화, 지배구조, 경영 시스템을 오히려 많은 나라들이 따라하고 있다. 세계가 닮고 싶어 하는 비즈니스 모델인 것이다.

해외서도 인정받는 대기업 브랜드 가치

2014년 브라질 월드컵에서 브라질 축구의 신성 '네이마르'가 대표팀 숙소를 나와 버스에 오른다. 그가 타는 버스 옆면에는 'KIA MOTORS'라는 글씨가 선명했다. 브라질의 유력 스포츠 채널들은 월드컵 개막을 앞두고 열띤 취재경쟁을 펼치며 대표팀 선수들의 일거수일투족을 생중계로 보도했다. 그 과정에서 기아자동차 로고가 브라질 전역에 노출됐다. 축구라면 죽고 못사는 브라질 국민 2억 명의 머릿속에 기아차가 각인되는 순간이었다. 이뿐만 아니다. 상파울루의 관문 과를료스 공항에서 코린치앙스 경기장으로 가는 길에 들어서면 현지에서 '삼숭(Samsung)'으로 통하는 삼성의 '갤럭시 S5'를 홍보하는 입간판을 만날 수 있었다. 이어 LG전자의 스마트폰 'G2'와 삼성전자의 TV와 세탁기, 현대자동차의 현지 고유 모델을 알리는 광고판이 이어졌다. 이제 국내 대기업은 글로벌 기업으로 거듭나며 해외에서도 브랜드 가치를 입증하고 있다. 브라질에서 2명 중 1명은 삼성의 스마트폰을 사용하고, LG전자는 가전시장에서 1위를 하는 기염을 토하기도 했으며, 기아자동차 역시 품질과 인지도 면에서 모두 호평을 받고, 기업 이미지를 각인시키고 있다. 글로벌 대기업이 국가 이미지 제고에도 기여하고 있는 셈이다.

지식기반 제조업을 중심으로 하는 대기업의 글로벌 아웃소싱이 기업의 생산성, 부가가치 창출과 고용증대로 이어져 지식기반산업 활성화를 돕는다. 글로벌 대기업은 단순히 기업 자체의 이미지 향상과 성장에만 기여하는 것이 아니다. 대기업의 성공은 국가 이미지를 대표하는 것이며, 이로 인한 기업의 활성화는 곧 국가 경제발전의 초석이 되는 것이다. 대한민국이라는 국가에 대해 잘 모르던 외국인들도 국내 대기업의 브랜드 파워를 접함으로써 한국의 이미지를 떠올리게 된다. '한류열풍'으로 인해 전 세계 사람들이 대한민국에 대해 높은 관심과 긍정적인 생각을 갖게 되고 덕분에 엄청난 경제적 효과를 낼 수 있는 것처럼 대기업 브랜드를 통해서 우리나라를 알리고 국가 경제의 눈부신 성장도 이룰 수 있게 된다. 이처럼 대기업의 브랜드 가치는 국가 이미지 제고에도 큰 기여를 하며, 경제발전의 밑거름이 될 수 있다는 점에서 매우 중요하다.

기업은 생산과 경쟁의 주체

격차라는 용어가 붙은 단어들은 대부분 정부 개입을 불러 지출과 소비의 인위적 배분으로 연결되는 속성이 있다. 기업격차는 생산과 관련된 분야이다. 기업은 생산의 주체로 경쟁을 위한 수단이다. 가장 효율적인 성과를 내는 기업이 소비자로부터 선택받는 것은 당연한 일이다.

기업 간 격차가 존재하는 것은 당연하다. 기업마다 생산성이 다르고 원가구조도 다르기 때문이다. 밑지지 않고 팔 수 있는 가격도 기업마다 다르다. 어떤 기업은 원가가 시장가격보다 높아 적자가 날 수 있지만, 어떤 기업은 원가가 낮아 흑자를 낼 수 있다. 기업마다 물건을 팔고자 하는 가격이 다르고, 품질도 다르기 때문에 소비자는 가격과 품질을 고려해서 선택한다. 생산의 주체인 기업이 다르다는 것을 인정하지 않고 이를 똑같이 만들려고 한다면 이는 경제를 이해하지 못한 잘못된 일이다. 그 피해는 소비자의 몫이다.

만약 시장경쟁에서 밀리는 기업을 불쌍하다며 도와준다면 어떤 일이 벌어질까? 더 나은 기업이 곤경에 처하고 비효율적인 기업이 살아남아 자원을 낭비하게 되고 사회적 손실이 발생하게 된다. 이처럼 기업격차를 문제시해서 차별하거나 지원하는 것은 공정한 경쟁방식이 아니다.

어떤 이들은 기업의 경쟁도 처음부터 스포츠 경기처럼 체급을 나누면 좋겠다는 감성적인 생각을 하기도 한다. 권투, 레슬링처럼 말이다. 비슷한 기업끼리 경쟁해야지 경쟁력이 차이가 나는 대기업과 소기업이 어떻게 같이 경쟁할 수 있느냐는 논리를 내세운다. 하지만 기업을 차별하여 경쟁을 분리하는 방식은 소비자의 입장을 생각하지 않고 생산자 입장만 생각한 잘못된 발상이다. 공급자 사정만 고려해 시장을 나누어 주는 정치적 배분은 장기적으로 소비자에게 외면받는다. 현실적으로도 시장에서 돈을 내고 물건을 사고자 하는 소비자를 열등한 기업에게 강제 할당할 수 없다. 만약 그런 일이 발생하면 소비자는 피해를 보기 싫어 규제를 피하는 방법을 찾는다. 불이익을 소비자에게 강제하려는 정부 개입이 장기화된다면 그 분야는 퇴보하게 되고 사회는 침체하게 된다.

기업격차를 문제시해 규제하거나 불이익을 주는 것은 경쟁의 결과 많은 소비자에게 선택받은 우수한 기업을 벌주는 일이다. 반면 소비자에게 외면받은 기업을 지원하는 것은 벌을 받아야 할 기업에게 상을 주는 일이다. 기업을 선악의 대상으로 봐서는 안된다. 기업은 경쟁을 위해 존재할 뿐이다. 기업이 더 나은 성과를 내도록 유인체계가 만들어져야

기업세계가 건강을 유지할 수 있다. 만약 실패할수록 더 많은 혜택을 부여받는다면 그런 세계는 쇠락할 것이다. 그런 면에서 보호받아야 할 것은 기업이 아니라 경쟁 그 자체이다.

격차를 줄이려 하지 말고 내버려 둬라

기업격차를 핑계로 기업을 인위적으로 키우거나 줄이려 하는 것도 바람직하지 않다. 기업은 경쟁력 향상을 위해 스스로 변하는 능력을 가지고 있다. 따라서 경제환경을 제공하는 정부 정책과 법률은 시장이 유연하게 작동할 수 있도록 내버려 두는 것이 가장 바람직하다. 그런 환경 속에서 기업은 알아서 커지기도 하고 작아지기도 한다.

우리나라에서는 대기업이 너무 매출을 많이 올린다고 규제하거나 자산규모가 크다고 규제하고, 심지어 종업원이 너무 많다고 규제하기도 한다. 황당하기도 하고 바보스러운 규제라고 할 수 있다. 프로크루스테스는 그리스 신화에 나오는 인물이다. 그는 그리스 아티카의 강도로 아테네 교외의 언덕에 집을 짓고 살면서 강도질을 했다. 그의 집에는 철로 만든 침대가 있다. 바로 '프로크루스테스의 침대'이다. 지나가는 행인을 붙잡아 자신의 침대에 눕히고는 행인의 키가 침대보다 크면 그만큼 잘라서 죽이고, 침대보다 작으면 침대 크기만큼 사지를 늘려서 죽였다고 한다. 그런 인위적인 판단을 기업세계에 적용하는 것은 지적 오만이며 법으로 포장된 강탈이다.

어떤 기업이 생산할지는 소비자가 결정한다. 제3자가 이를 대신 결정하는 것은 독점적 행위이다. 소비자 선택을 제한하는 것은 경제원리를 무시하는 정치적 선택으로 잘못된 일이다. 정치에서 독재자가 범하는 인치의 폐해와 다를 바 없다.

어떤 기업이 수익이 많이 나면, 다른 기업이 시장에 진입해 그 기업을 따라하고 수익을 빼앗아 간다. 시장의 자율적 경쟁이 기업의 수익격차를 줄인다. 예를 들어 애플은 스마트폰을 처음 만들어 엄청난 수익을 올렸지만, 삼성이 이를 빠르게 뒤쫓아 수익을 나누었다. 그 뒤를 중국 업체들이 다시 빠르게 쫓아 이제 애플과 삼성의 수익성은 급격히 감소하고 있다.

기업격차가 너무 크다며 정부가 인위적으로 해체하거나 통제하려드는 개입행위는 소비자 피해를 유발한다. 또 기업 규모가 너무 작다며 정부가 돕고 나선다면 이도 국민의 세금을 낭비하고 기업의 경쟁압력을 줄여 장기적으로 소비자의 피해를 키운다.

작은 기업을 보호한다며 그 분야의 1등 기업을 규제하는 것은 사실은 2등 기업에게 소비자를 강제 할당하는 정치적 행위일 뿐이다. 중소기업 적합업종이라고 지정하는 분야에서 그런 현상이 계속 발생하고 있다. 잘한 기업을 벌주고, 그 아래 기업에게 지원을 몰아주는 정치는 누구에게도 이롭지 않은 것으로 기업격차를 잘못 이해해서 비롯된 자의적 규제이다.

새로운 진입과 경쟁을 허락해야

우리나라 대기업은 세계 기준으로 보면 그다지 크지 않다. 세계화 시대인 지금 외국의 대기업들과의 경쟁은 회피할 수 없는 일이다. 그들과 비교했을 때 우리 대기업들의 규모는 여전히 그렇게 크다고 할 수 없다. 세계적 기업 수준으로 어느 정도 규모를 갖춘 기업은 삼성, 현대, LG, SK 정도이다. 이들을 제외한 대부분의 기업들은 세계시장에서 대기업이라고 하기에는 여전히 작은 규모라고 할 수 있다.

지금 우리나라를 대표하는 기업은 삼성전자이다. 삼성그룹이 전자산업에 뛰어든 것은 지금의 관점에서 보면 당연하고 역사적인 일이다. 하지만 당시 삼성그룹이 삼성전자를 설립한다고 했을 때 모두가 환영했을까? 그렇지 않았다. 삼성이 전자산업에 진출하려 하였을 때 상당한 반대 여론이 있었다. 그 대표적인 곳이 한국전자공업협회였다. 당시 59개의 전자회사를 회원으로 확보하고 있던 한국전자공업협회는 전체 회원사들 명의로 삼성그룹의 전자산업 진출을 반대하는 성명서를 내기도 했다.

성명의 요지는 "전자산업 진출 조건으로 삼성이 내건 3대 조건이 이미 실현 불가능하니 삼성의 전자산업 진출은 허여되어서는 안 된다."는 것이었다. 삼성은 TV수상기·라디오·스피커 등처럼 아직 국내 중소기업이 국산화에 성공하지 못하고 있는 제품들을 일본의 산요전기와 합작해 생산해 이 가운데 85퍼센트는 수출하고 15퍼센트 이내의 제품만 국내시장에 반입한다는 조건으로 전자업계에 진출하려 했다. 그런데 한국전자공업협회에서는 TV수상기·라디오·스피커 등 모두 국내 중소기업에서 국산화에 성공하고 있고, 삼성의 85퍼센트 수출은 불가능하며, 나머지 15퍼센트만으로도 국내 총생산량을 이미 초과해 삼성의 전자산업계 진출은 불가하다고 주장했다.

당시 전자산업에는 금성사와 중소기업 규모의 여러 기업이 활동하고 있었다. 오늘날의 LG로 성장하는 금성사를 제외하면 전자업계가 몹시 열악한 상태였음을 알 수 있다. 당시 정부가 지금과 같은 중소기업 적합업종이라는 규제를 시행하고 있었다면, 아마도 삼성의 전자업계 진출은 불가능했을 것이 틀림없다. 심지어 금성사도 사업 축소의 정치적 압박을 받았을지도 모를 일이다.

다행히 박정희 정부는 중소기업 적합업종이라는 보호정책보다 세계시장에 나가 경쟁하면서 수출을 늘리라는 경쟁정책을 실행하고 있었기에 삼성은 전자업계에 진입할 수 있었다.

당시에도 삼성은 잘 나가는 기업으로 인식되고 있었다. 한국전자공업협회로부터 소위 '재벌'이라는 명칭으로 불릴 정도였다. 삼성은 당시에도 삼성물산·제일제당·제일모직공업·동방백화점·동방생명·한국비료·중앙일보 등 10여 개가 넘는 계열사를 가진 그룹이었다. 그런 삼성이 전자산업에 뛰어든다고 하니 이 업계 기업들이 바짝 긴장하고 반대의 성명을 내는 것은 기득권을 보호해야 하는 입장에서는 어쩌면 당연한 일이었을 것이다.

그러나 한국전자공업협회의 성명이 정치적 명분을 갖추었다 하더라도 오늘날 삼성전자가 없었다면 우리나라의 경제수준이 어땠을까를 생각해 본다면 그런 정치적 주장이 그다지 타당하지 않다는 점은 쉽게 드러난다. 한국전자공업협회가 3불가론을 들어 삼성의 전자업계 진출을 반대하였지만, 삼성전자는 태동 이후 자신들의 약속을 지켜 나갔다. 산요전기와의 합작을 통해 생산품의 80퍼센트 이상을 수출했고 전자산업의 규모를 현저히 증대시켰던 것이다.

기업은 일자리를 만드는 중심

대기업 고용창출의 우수사례로 꼽히는 맥도날드는 단순한 일자리 제공을 넘어 다양한 계층을 포함하는 고용창출을 통해 사회적으로 기여하고 있다. 특히 한국 맥도날드는 장애인, 고령자, 주부 등 다양하게 직원을 채용하였다. 맥도날드는 지난 2000년대 초반부터 노인 인력들을 대상으로 한 '시니어 크루(Senior Crew)'들을 채용해왔으며 전국 71개 매장에서 시니어 인턴을 고용하는 등 노인 인력의 장기 고용증진에 기여하였다. 또한 맥도날드에는 200여 명의 장애인 직원이 근무 중이며, '주부채용의 날' 행사를 열어 현장에서 주부 333명을 채용하기도 하는 등 다양한 일자리 창출 사례를 선보였다.

대기업은 일자리를 늘린다. 전국경제인연합회에서 조사한 공정거래위원회의 정보공개 내용을 보면, 해외 근로자를 포함하지 않은 30대 그룹의 종업원 수는 2000년 69만 명에서 2012년 123만 명으로 2배 가량 증가하였고, 4대 그룹의 종업원 수는 2000년 32만 명에서 2012년 65만

명으로 역시 크게 증가하였다. 비정규직 포함을 감안하더라도 30대 그룹의 종업원 증가율은 4.8퍼센트로 전체 고용 증가율인 2.4퍼센트의 두 배가 된다. 대기업이 고용창출에 소극적이라는 것이 잘못된 주장임을 입증한 셈이다. 대기업이 어느 정도 성장을 이뤄 자리를 잡고 나면 자체적으로 분할하여 중소기업이 생겨나게 마련이다. 그룹 계열사 안의 자회사들 중 상당수가 사실상 중소기업인 것이다. 이러한 이유로 대기업이 중소기업에 비해 일자리 창출을 하지 않는다는 오해가 생길 수도 있다. 하지만 조사 결과에서 나타나듯이 대기업은 고용창출에 큰 기여를 하고 있다.

과보호가 부른 중소기업의 타락

'피터팬 증후군'이란 육체적으로 이미 성숙해 어른이 되었지만 여전히 어린이로 남아 있기를 바라는 심리를 뜻한다. 피터팬처럼 어린이로서 대우받고 보호받기를 원하는 것이다. 성인이 되고도 여전히 부모에게 의존하는 마마보이 혹은 정부의 보호만을 바라는 기업을 일컫는 데 쓰이기도 한다.

'중소기업 피터팬 증후군'은 중소기업이 각종 혜택을 유지하기 위해 대기업으로 성장하기를 회피하고 멈추려는 행태를 가리킨다. 정부의 지원과 보호를 계속해서 받기 위해 의도적으로 중소기업 규모를 유지하려 애쓴다. 일부 중소기업은 고용이 필요한데도 사람을 뽑지 않으며 성장을 외면한 채 수치를 조작하는 사례마저 보이고 있다. 중소기업에 대한 정부 지원정책을 노리고 이러한 편법을 동원하는 기업이 계속해서 늘어나면서 우리 경제의 침체를 부르는 매우 심각한 문제를 야기하고 있다.

전국경제인연합회 발표 자료에 따르면 실제로 중소기업 졸업을 앞두거나 갓 졸업한 중소기업 10곳 중 3곳인 29.5퍼센트는 졸업을 회피한 것으로 파악됐다. 중소기업 잔류를 위한 인위적 방법으로 '분사·계열사 신설(38.8퍼센트)' '임시근로자 확대로 상시 근로자 수 조정(29.0퍼센트)' '사업부문 매각·매출 조정 등 외형 확대 포기(16.1퍼센트)' '생산기지 해외 이전(12.9퍼센트)' 등을 활용했다.

이처럼 일부 중소기업들은 졸업을 회피하기 위해 분사, 상시 근로자 조정 등 인위적인 구조조정을 추진한 경험이 있는 것으로 나타났다. 한때 매출이 4조 원을 넘었던 A컴퓨터 기업이 자진해서 중소기업이 된 것이나 사무용 가구 1위 업체인 B기업이 중소기업만 참여할 수 있는 정부 발주시장에 계속 남아 있기 위해 회사를 쪼갠 것은 그 대표적인 예이다. 빠른 성장으로 중소기업 졸업을 앞둔 한 회사는 상시 근로자 수에 해외법인 종업원이 합산되지 않는 점을 이용하여 중소기업으로 남으려고 했다.

기업은 원래 어려운 조건에서도 살아남아 생존(survival)해야 하는 경쟁주체이다. 다른 경쟁자 때문에 어렵다고 할 것이 아니라 그런 경쟁자 덕분에 더 큰 혁신을 할 수 있어야 한다. 악조건에도 불구하고 성공했다는 기업가들이 더 나와야 경제는 발전할 수 있다.

대기업이 투자를 늘릴 수 있어야

많은 전문가들은 LG디스플레이 파주공장을 역대 가장 성공적인 규제 개혁 사례로 꼽는 데 주저하지 않는다. 중앙정부, 광역단체, 기초단체 모두가 탈규제에 앞장선 결과, 휴전선 인근 작은 군사도시에 불과했던 파주는 세계가 주목하는 도시로 새롭게 거듭났다.

2004년 3월 경기도는 LG디스플레이의 LCD 공장 건설을 위한 '파주 LCD 일반 산업 단지' 조성을 승인했다. LG디스플레이와 경기도가 투자의향서(MOU)를 체결한 지 13개월 만의 결과였다. 이곳엔 LG디스플레이(168만 제곱미터) 외에 LG화학, LG이노텍 등 LG 계열사 단지, 외국인 투자기업 전용 당동지구, 국내기업 전용 선유지구 등 2개의 협력사 단지가 들어섰고 세계 최대(446만 제곱미터)의 디스플레이 클러스터가 만들어졌다. 독일 쇼트, 일본전기초자(NEG) 등 세계적 소재기업들 역시 이곳에 둥지를 틀었다. 파주는 2008년부터 5년 동안 지역 내 총생산(GRDP)이 17퍼센트 증가해 경기도 내에서 가장 빠르게 성장한 도시가 됐고, 인구도 2006년 29만 명에서 10만 명 이상이 늘어 40만 명을 넘어섰다. 규제개혁의 성공 스토리는 이렇게 만들어졌다.

LG디스플레이 파주공장은 규제개혁의 성공 신화라고 볼 수 있다. 세계적인 기업에서도 이곳을 주목하고 있으며 눈부시게 빠른 성장 속도로 지역경제가 활성화되면서 한동안 저성장으로 침체된 분위기 속에 있던 국가경제 전망까지도 밝게 만들었다. 수도권에 공장을 설립할 수 있도록 법률을 개정하는 등 적극적인 규제개혁을 통하여 지역경제 급성장을 끌어낼 수 있었던 것이다.

오랜 기간 정치권은 기업격차를 줄이겠다며 반시장적 규제와 대기업 견제 정책을 양산했고 그 결과 대기업이 위축되면서 일자리 창출에도 빨간불이 켜졌다. 이러한 시점에 LG디스플레이 파주공장 성공사례는 시사하는 바가 크다. 올바른 규제개혁을 통하여 대기업이 고용창출과 경제발전에 큰 역할을 할 수 있도록 한 것이다.

대기업이 더 많이 나와야

글로벌 기업의 수는 올림픽 경기의 금메달 수와 비슷한 의미를 갖는다. 경제 분야의 성적표이다. 글로벌 기업을 많이 가지고 있는 나라는 경제 성적이 좋은 것이다. 글로벌 기업의 브랜드 가치는 신용과 신뢰의 가치의 합이라고 할 수 있다. 그만큼 많은 소비자로부터 사랑받고 있으며, 믿음을 받고 있다는 뜻이다.

잘사는 나라에는 대기업이 많다. 『포춘』이 매년 선정하는 글로벌 500대 기업의 수를 보면 이런 사실이 쉽게 드러난다. 2009년 500대 기업 가운데 미국은 140개로 대기업 수가 가장 많은 나라였다. 그 다음으로 일본 68개, 프랑스 40개, 독일 39개, 중국 37개, 영국 27개, 스위스 15개, 우리나라 14개 순이었다. 2013년에는 미국 128개, 중국 95개, 일본 57개 그리고 한국 17개이다.

나라의 경제적 부침에 따라 대기업의 수도 함께 변동한다. 즉 한 나라의 경제가 다른 나라에 비해 부흥하고 발전하면 대기업의 수도 상대적으로 늘어난다. 대기업의 수는 마치 올림픽의 금메달 수처럼 경제성 적표에 해당한다. 중국은 1997년 3개에서 2008년 29개, 2009년 37개로 늘었고, 2013년 95개로 크게 늘었다. 반면 일본은 오랫동안 제로 성장에 머물다 보니 세계 500대 기업에 포함되는 대기업 수가 1997년 126개에서 2009년 68개로 절반 가까이 줄다가 2013년 57개로 줄었다.

한국은 1997년 13개에서 2009년 14개로 큰 변화가 없었고, 2013년 17개에 그쳤다. 경제가 어느 정도 성장하면, 평등주의 정서가 퍼지면서 반(反)대기업 정서, 반자본주의 정서가 퍼진다. 그러다 보면 대기업이 나오기 어려운 사회적 환경과 제도가 자리를 잡게 되고 사회는 정체(停滯)의 길을 걷게 된다. 우리나라가 지금 그런 상태다. 작은 기업이 존경과 칭찬의 대상이 되고, 대기업은 질시와 견제의 대상으로 전락했다. 사회적 자본과 정책이 작은 기업에 집중되고, 대기업에는 차별적 규제가 집중된다. 그러다 보면 새로운 대기업이 나오지 못한다.

세계적인 기업이 태어나는 것은 생각처럼 쉬운 일이 아니다. 더욱이 반기업 정서가 높은 나라에서 뛰어난 기업이 나올 수는 없다. 경제성장에 우호적인 나라, 기업가를 아끼는 나라에서 대기업이 늘어나는 것이다. 과거에는 '농자천하지대본(農者天下之大本)'이라고 했지만, 이제는 '기업천하지대본(企業天下之大本)'인 시대이다. 시장 규모가 국경을 넘어 커지고 있고, 글로벌 경쟁력을 갖춘 기업만이 경쟁에서 살아남는다. 치열한 경제전쟁을 이겨 내야 하는 주체가 바로 기업이다. 평등주의 기준으로 보면, 기업은 악(惡)한 존재이다. 마치 약한 동물을 잡아먹는 정의롭지 못한 존재로 비친다. 하지만 현실에서는 기업이 선(善)한 존재이다. 치열한 경쟁을 통해 사람들을 이롭게 하게 우리 사회를 번창하게 만든다.

대기업을 더 만들어내야 우리 사회가 한 단계 더 발전할 수 있다. 세계에서 가장 잘사는 풍요로운 나라가 되기 위해서는 세계적인 기업이 더 많이 나올 수 있는 환경을 마련해야 한다.

격차를 받아들여야 발전할 수 있어

기업격차는 경쟁과정에서 나타나는 자연스런 현상이다. 정부가 개입하기보다 내버려 두는 것이 좋다. 시장에서 기업 규모가 결정되고 누가 생산할지를 소비자의 선택에 의해 결정되도록 하는 것이 바람직하다.

경쟁력이 떨어지는 기업은 자신들의 문제점을 개혁하려고 노력해야지 기업 규모가 작다면서 보조금을 바라거나 큰 기업을 규제하라고 요구해서는 안 된다. 불공평하다고 불평하는 태도로는 좋은 결과를 얻기 어렵다. 어려움을 극복해야 하는 주체가 바로 기업이다. 그런 경쟁의 주체가 불평에 빠진다면 스스로의 정체성을 부정하는 것일 뿐이다. 경쟁을 통해 혁신에 성공한 기업에 의해 소비자는 더 큰 혜택을 누리게 되고 그런 성공한 기업들로 인해 세계는 더 평평해진다.

양극화는 많은 나라들이 고민하는 과제이다. 우리나라는 평등주의 정서가 강해 기업에 대한 정부 개입이 심한 편이다. 특히 기업에 대한 규제가 심하고, 심각한 수준의 반시장적 규제가 규모가 큰 기업에 집중되어 있다. 사실 기업 규모가 크다는 것은 특별히 규제를 받아야 할 이유가 되지 않는다. 하지만 우리 사회에 큰 기업을 규제해야 한다는 부당한 사고가 상식처럼 굳어졌고, 상당수 규제와 법이 반기업적 정서를 바탕으로 만들어졌다.

규모의 격차를 이유로 기업을 차별하고 불필요한 규제를 남발하게 되면, 기업은 기업 규모를 왜곡하게 되고 심지어 작은 규모로 유지하려 애쓰기도 한다. 경제적 이유가 아닌 다른 이유에서 기업 규모를 나누고, 공장 규모를 나누는 일은 경제적인 비효율을 가져온다. 더구나 기업가 입장에서 기업을 키우고 성장시키려 하지 않고, 기업 규모를 적당선에서 멈추도록 유인한다. 기업을 차별하는 반시장적 규제는 우리 경제가 더 이상 성장하지 못하게 만드는 나쁜 사례이다.

실제로 많은 중소기업들이 중소기업의 범주에서 벗어나기를 꺼려한다. 중소기업에 대한 각종 혜택을 받지 못하게 되는 비용도 문제이지만, 기업이 커질 경우 새롭게 감수해야 하는 규제비용도 상당하기 때문이다. 더구나 각종 세금이나 부담금까지 올라가기 때문에 기업 입장에서 기업이 커지는 것은 손해를 감수하는 일이기도 하다.

또한 중견기업에서 대규모 기업집단으로 커지는 경우에는 더 많은 규제를 받게 된다. 특히 자산의 규모에 따라 차별규제를 하는데, 자산 규모를 규제의 이유로 삼는 정치적·이념적 속성을 가지고 있어 그 폐해가 크다. 이러한 법률이 만들어진 이후 우리나라에 새로운 대규모의 글로벌기업이 좀처럼 나오지 않는 것은 이 규제가 성공했다는 것을 의미하지만, 국가와 국민에게는 큰 손실이 아닐 수 없다. 새로운 기업이 나오지 못하도록 만드는 규제가 계속 존속될 이유는 없다.

기업 규모에 따른 차별규제가 합리적이지 않다면 철폐하는 것이 규제개혁의 주요 과제가 된다. 또한 무수히 많은 법률에서 그러한 차별규제를 해소하는 것은 우리 경제의 성장에 긴요한 일이기도 하다. 우리의 기업환경을 보다 경쟁적으로 만들려면 경쟁 지향적인 제도를 마련해야 할 것이다. 경쟁을 제한하거나 진입을 제한하는 규제를 해소하는 것이 그 핵심이다.

참고문헌

김시정, 『주요 법률에 나타난 규모별 기업규제 현황과 과제』, CFE Report 자유기업원, 2009.

김영용, 『기업』, 프리이코노미스쿨, 2014.

송병락, 『기업을 위한 변명』, 김영사, 1999

신중섭 편, 『경쟁은 아름답다』, 북앤피플, 2014.

전국경제인연합회, 『기업 규모에 따른 주요 규제와 문제점, 규제개혁 시리즈 14-01』, 전국경제인연합회, 2014.

최승노, 『경제발전의 훼방꾼들』, 백년동안, 2014.

______, 『사회주의는 왜 실패하는가』, 프리이코노미스쿨, 2014.

______, 『정의로운 체제 자본주의』, 프리이코노미스쿨, 2014.

______, 『2001년 한국의 대규모기업집단』, 자유기업원, 2001.

스티브 포브스 외, 김광수 옮김, 『자본주의는 어떻게 우리를 구할 것인가』, 아라크네, 2011.

6장

지역격차 해소정책의 실패

—

김인영(한림대학교 교수 | 정치행정학과)

지역격차란 무엇인가

지역격차(地域格差)는 간단히 설명하면 "경제활동의 결과 나타나는 지역 간의 차이"다. 사전(辭典)에는 지역격차란 "특정 지역에 자본이 집중하여 투하된 결과, 자본의 투하에 유리한 지역의 개발이 추진되어 공업의 진흥·과밀, 인구집중의 격화, 소득의 증가가 이뤄진 반면, 개발에서 제외된 농어촌에서는 인구의 급감이나 소득 저하 등 대조적인 양상이 나타났다. 이러한 과정에서 **생긴 선진 지역과 후진 지역 간의 사회·경제적 격차**를 말한다."고 되어 있다. 또 다른 사전의 정의를 보면 지역격차를 "일국 내부의 지역 간에 보이는 소득수준, 소비수준, 생활수준, 경제발전율, 지방 재정력, 복지수준 등의 각종 격차를 가리킨다. **자본주의적 경제발전에 내재하는 농 · 공 간 격차, 자본의 집적, 집중 등이 지역적인 현상**으로 파악된다."고 설명한다.[1] (강조는 필자)

지역격차는 영문으로는 보통 'regional disparities'로 표기하고 "지리적 위치에 연관된 차이들(differences related to geographic location)"로 설명한다. OECD의 정의에 따르면 지역격차란 "일정 국가 내 지역들 사이에 관찰되는, 경제현상으로 나타난 차이의 범위"[2]로 인식된다. 이러한 OECD의 정의는 지역격차를 '경제적 차이'에 한정한다는 한계가 있고, 일국 내에서의 격차에만 관심을 둔다는 의미에서 EU 공동체 내에서의 국가 간 격차문제 등을 다루지 못하는 문제점이 있다. OECD 국가인 영국(England) 내에 지역격차로 남북격차, 즉 가난한 북부와 부자 남부 간의 격차가 있다면, 이탈리아에서는 가난한 남부와 발전된 중북부 사이에 지역격차가 존재한다. EU를 단위로 본다면 산업이 발전된 중북부 유럽과, 경제적으로 낙후된 동유럽과 남유럽의 지역격차가 존재한다. 중국도 발전된 해안 지방과 낙후된 내륙 지방 사이의 격차는 일상화된 것이고 중요한 사회적 이슈가 되고 있다.

우리나라에서는 수도권과 비수도권의 격차가 주로 문제시된다. 하지만 수도권 내에서도 서울과 경기의 격차, 서울에서도 강남과 강북의 격차, 대구에서도 열악한 환경의 서구·남구와 발전지역 달성구의 격차가 있다. 강원도의 경우 영동과 영서의 지역격차, 경기도도 북부와 남부의 지역격차, 제주도도 산남과 산북의 차이가 존재한다. 지역 간(among) 격차도 중요하지만 지역 내(within) 격차가 더욱 중요하게 인식되는 현실이다.

지역격차는 수도권-비수도권과 같이 경제적인 요소도 중요한 차이가 될 수 있지만, 경제적으로 풍요롭다고 하더라도 정치·사회문화적 측면에서 열악하거나 환경적 측면에서 뒤처지고 기대에 미치지 못할 경우도 문제시된다. 따라서 경제격차 해소만을 목표로 삼는 정책은 지역주민의 만족을 가져오기 어렵고 실패하기 쉽다. 또한 경제격차는 아무리 줄인다고 하더라도 영원히 존재할 수밖에 없는 것으로 완전한 해결 자체가 불가능한 과제임을 간과하고 있다. 따라서 경제격차 해소정책은 완전한 평등을 목표로 한다면 필연적으로 실패할 수밖에 없다. 나아가 인식에 따라서는 경제적으로 덜 발전되었다고 하더라도 주거환경이나 생활환경, 복지수준이 높은 지역을 선호하는 경우가 많기 때문에 경제격차 해소를 초점으로 한 정책만으로는 모든 지역격차 문제의 해답이 될수 없다.

고등학교 교과서의 '지역격차' 설명은 문제점이 많다

『고등학교 한국지리』(비상교육) 교과서는 '수도권과 비수도권' 항목에서 지역격차를 다음과 같이 기술하고 있다. "우리나라의 수도권 집중도는 1960년대 산업화 이후 고도 경제성장 위주의 국가경제 정책과 정치적·사회적 요인으로 인하여 지속적으로 심화되어 왔다." "이론적으로 수도권과 비수도권과의 지역격차 문제는 성장의 중심인 수도권의 경제성장의 효과가 지방으로 파급되지 못한 데 있다."고 하며 "이를 위하여 수도권 정비 계획법에 의거 매년 수도권 공장의 신축·증축·용도 변경을 제한하는 '공장 총량제'와 같은 제도를 중심으로 규제를 강화하였

지만, 최근에는 이러한 규제를 완화하는 '수도권 규제 합리화 정책'으로 전환하고 있다."고 기술한다.[3]

『고등학교 한국지리』 교과서는 1960년대 이후 산업화의 결과로 수도권과 비수도권 간 격차가 심화되었다고 비판한다. 단순히 현상적으로만 본다면 사실로 보인다, 하지만 1960년대 이전에는 농업이 주된 산업으로 생산성이 낮았고 산업화가 되지 않아 국토의 전 지역이 거의 비슷하게 못살고 하향 평준화되어 있었기 때문에 지역격차가 상대적으로 드러나지 않았었다. 이렇게 모두 함께 못살았던 것은 (바람직한) '평등'이고 산업화·공업화를 추진하여 나라 전체를 잘살게 하고자 '차이(격차)'를 만든 산업화를 문제시하는 설명이다. 박정희의 산업화의 결과를 깎아 내리고 부정적으로 보고 싶어하는 교과서 저자들의 의도적인 기술로 보인다. 이러한 객관적이지 못한 서술은 역사를 보는 시각이 정립되지 않은 고등학생들의 눈으로 보면 박정희 대통령의 산업화 추진이 나쁜 결과를 가져온 정책으로 보이게 한다. 결국 산업화하여 차이(격차)를 만들지 말고, 농업국가로 모두 함께 평등하게 사는 사회로 남았어야 한다는 산업화를 부정하는 논리로 보일 수 있어 고등학생들에게 혼란을 심어주는 대목이다.

역사적으로 어느 나라이든 공업화를 위해서는 노동력을 대거 투입하기 위한 도시화가 필수 불가결했다. 하지만 공업화는 노동계층을 만들어 냈고 산업화와 경제성장이 진행됨에 따라 중산층이 전국적으로 확대되면서 계층 간의 격차가 줄어들고 지역 간의 차이가 줄어드는 효과를 함께 수반하였다. 그런데 이러한 산업화를 지역격차를 만든 원인으로 들고 있는 교과서는 산업화와 경제성장을 역사의 발전으로 보는 긍정적인 시각으로 보기 힘들다. 나아가 산업화로 인하여 수도권과 비수도권으로 국토가 둘로 나뉜 것으로 인식하고 있는데 이는 논리의 비약이며 수도권-비수도권을 대결로 몰고 가는 이분법적 사고이다. 나아가 최근 충청권의 수도권화가 수도권의 인구분산과 지역 생활수준의 향상 그리고 인구 증가를 가져왔음은 설명하지 않는 서술에서의 편향성도 보이고 있다.

『고등학교 한국지리』 교과서는 지역격차에 대한 해결책으로 '수도권 공장 총량제'를 예로 들고 있다. 하지만 이 총량제 때문에 수도권에 공장을 신설하거나 증설하지 못하게 된 기업들이 지방으로 이전하기보다 임금과 세금이 저렴한 중국이나 베트남 등 동남아 국가 및 동유럽 국가들로 생산 거점을 옮겨 국가 경제에 막대한 손실을 가져온 것, 특히 기업투자와 고용창출의 손실을 초래한 부정적인 결과는 설명하지 않고 있다. 논리적으로 균형이 잡혀 있지 않은 서술이다. 기업투자가 적으니 고용이 늘지 않고 청년실업이 심화되며 세수 부족에까지 영향을 미쳐 복지 기반이 무너지는 현실의 문제점을 교과서는 무시해 버리고 있는 것이다. 도리어 절대선(善)으로 여기고 있는 '수도권 공장 총량제'가 흔들리고 무너지는 것으로 기술하고 있다. 예를 들어 '수도권 공장 총량제'의 예외 사례로 설명하고 있는 경기 양주시 덕계동 소재 서울우유 양주 공장의 양수시 남면 입암리로의 증설·이전은 수도권 공장 총량제 예외의 '첫' 사례였음에도 이른 마치 '수도권 공장 총량제'가 전부 붕괴한 것처럼 기술하고 있다. 『고등학교 한국지리』 교과서는 지역격차에 대하여 고등학생들에게 올바른 사고를 심어주고 있다고 하기에는 부족하고 편향되었다.

또 『고등학교 한국지리』 교과서는 "특정 지역을 중심으로 지역 개발이 이루어진 결과, 현재까지 수도권 및 대도시는 인구와 기능이 과도하게 집중되었고 개발의 중심에서 벗어난 지방 중·소도시나 농촌 지역은 상대적으로 낙후된 지역으로 남아 있다."고 기술하고 있다. 하지만 특정 지역을 중심으로 지역 개발이 이루어진 것과 수도권 집중은 논리적 연관이 가능할 수도 있지만 가능하지 않을 수도 있는 사례이다. 그 특정 지역에는 대한민국 제1의 항구인 부산과 공업단지 울산, 제철소가 위치한 포항과 광양도 있다. 하지만 이러한 도시들은 수도권이 아닌 지역들로 지역 거점으로 발전하여 왔다. 이렇게 지방의 '잘사는 (거점) 도시'들을 고려한다면 수도권과 비수도권의 격차는 다분히 과장된 것이다. 그리고 수도권 집중 억제정책 때문에 타지역이 발전하는 것이 아니라 도리어 충청권이 발전하여 광역 수도권으로 확장·편입되고 있음을 주목해야 한다.

수도(首都)였던 한양(漢陽)과 그 이외 지역의 차이는 조선시대부터, 그 이전 개경(개성)과 타(他)지역의 차이는 고려시대부터도 있었다. 그렇다면 지역격차는 역사적으로 보편성을 가진 현상이다. 따라서 현재의 지방 대도시-지방 중·소도시 및 농촌지역의 격차를 문제 삼는 것은 지역격차의 역사적 보편성을 부정하는 것이다. 따라서 지역격차를 완전히 극복하겠다는 목표를 가진 정책은 다분히 실현 가능하지 않은 사회주의적 노력에 불과하다.

지역격차의 내용은 다양한 해석이 가능하다

지역격차의 현황은 여러 가지 지표로 판단이 가능하다. 우선 가장 중요한 지표인 지역별 1인당 지역총생산(GRDP, gross regional domestic product)를 보면 〈표 1〉과 같다.

〈표 1〉에서 보듯이 2000년에서 2012년 사이 충남과 울산 그리고 전남 지역의 1인당 소득은 급격히 증가한 반면, 대구·광주·대전 등의 도시는 소득의 증가가 적다. 예를 들어 울산의 1인당 소득은 4,600만 원 정도로 경기·충북 지역의 2배를 상회한다. 반면에 대구·광주·대전은 1,000만 원 초·중반의 소득을 기록하고 있다. 이들 저소득 지역의 소득 증가율이 전국 평균보다 낮아 1인당 지역 소득격차는 점차 확대되는 것으로 보일 수도 있다. 하지만 그렇지 않다. 최고 소득의 울산이 2000년

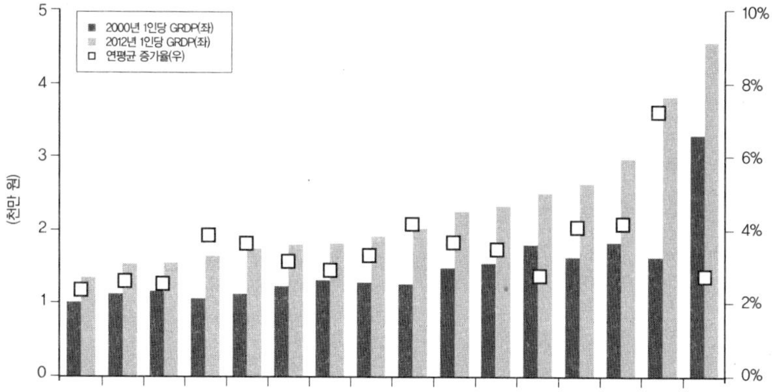

〈표 1〉 지역별 1인당 GRDP 현황 출저: 통계청(2005년 불변가격 기준)

소득이 3,300만원이었던 것이 2012년에 4,600만원으로 증가한 것인 반면, 최소 소득의 대구는 2000년 1,000만원 소득에서 2012년 1,300만원의 소득이 된 것으로 증가율의 차이는 거의 없다. 단지 소득의 격차는 과거나 현재나 거의 변하지 않고 존재해 왔고 미래에도 존재할 것으로 예상할 수 있을 것이다. 지역 간 소득격차를 줄이려는 인위적인 재정 투입 정책들을 주목해야 할 대목이다.

1인당 GRDP 지니계수(Gini index)는 중요한 지역격차 지수이다. 지니계수로 측정한 지역별 1인당 GRDP 격차는 〈표 2〉에서 보듯이 2000~2010년 동안 심화되고 있다. 16개 광역자치단체에 대한 1인당 GRDP 지니계수는 2000년 0.17에서 2012년 0.20으로 꾸준히 상승하는 추세에 있다. 그리고 명목 1인당 GRDP로 측정한 지니계수는

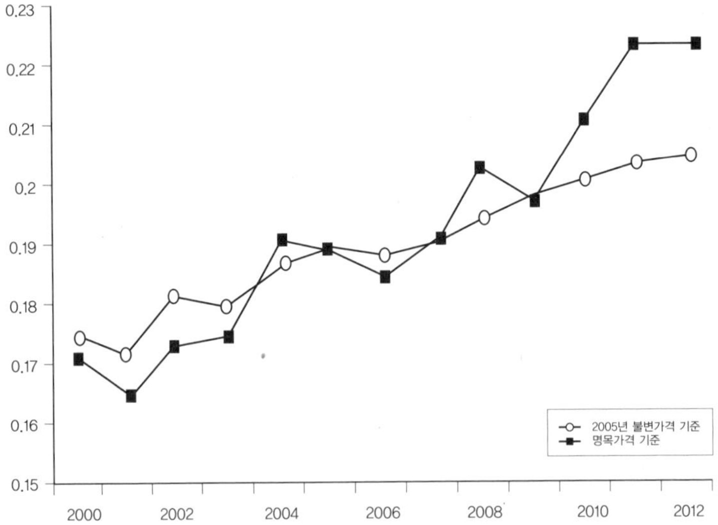

〈표 2〉 1인당 GRDP 지니계수 추이, 2000~2010년[5]

2000년 0.17에서 2012년 0.22로 불변가격 기준보다 빠르게 상승하고 있다. 하지만 이러한 지니계수 상승은 1997년 금융·경제위기 이후 심해진 것이고, 세계화의 진행으로 EU를 포함하여 전 세계 보편적인 현상으로 자리 잡고 있어 우리나라만 유독 심각한 상태에 있다고 하기 힘들다. 다시 말해 우리나라만의 고유한 문제가 아니라 세계화의 진행으로 인해 정보, 인력, 자원이 국경을 넘어 자유롭게 오가는 과정에서 발생하는 지구 보편적 부작용임을 주목해야 한다.

〈표 3〉은 인구대비 국민생활기초수급자의 비율을 나타낸 것이다. 울산, 경기, 서울, 인천은 전국 평균 이하이고, 전북과 전남은 전국 평균의 2배 정도, 경북, 제주, 강원, 광주, 대구, 부산 등은 유사한 수준으로 전국 평균을 상회하고 있다. 대구, 부산은 산업화, 대전은 공공기관 이전 등의 혜택을 받아 나름 발전된 지역으로 알려져 있는데 의외이다.

〈표 4〉는 인구 10만 명당 종합병원의 수를 나타낸다. 〈표 3〉의 인구

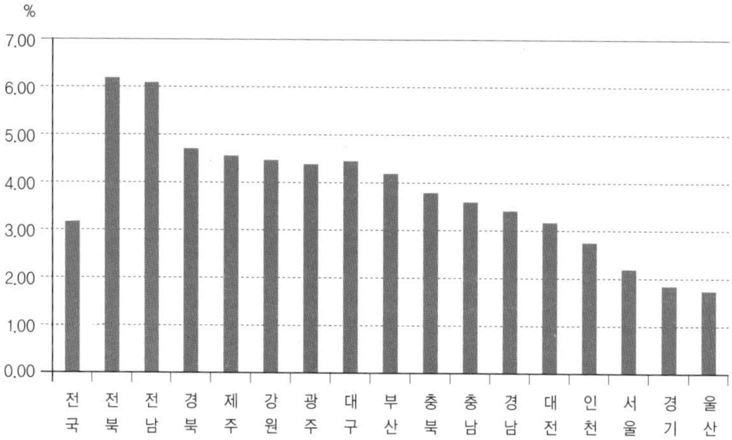

〈표 3〉 인구대비 국민생활기초수급자 비율, 2010년[6]

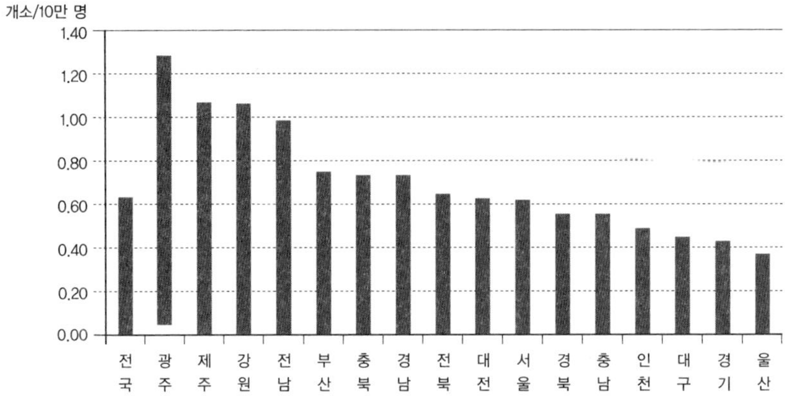

〈표 4〉 인구 10만 명당 종합병원 수, 2007년[7]

대비 국민생활기초수급자 비율과 달리 울산과 경기가 전국 평균 이하이며 광주, 제주, 강원, 전남이 전국 평균을 크게 상회하고 있다. 병원의 규모가 문제될 수 있겠지만 의료의 질(quality)은 광주, 제주, 강원, 전남이 타 지역보다 상대적으로 높다고 해석할 수 있다. 광주, 제주, 강원, 전남지역의 의료 수요가 타 지역보다 높다고 해석할 수도 있지만 재난이나 장기적인 환경오염 등 특별한 사안이 역사적으로 존재하지 않으므로 설득력이 약하다.

지역격차 해소정책들은 정치적이고 인위적이어서 실패했다

불평등이 있음을 지적하거나 격차가 있다는 비판은 정부와 정치권을 신속하게 움직이게 한다. 지역격차는 사회갈등의 원인이 되어 해결해야 할 사회문제가 되고, 국가적 과제(agenda)가 되어 정부와 정치권이 모두 척결에 나서게 된다. 그 결과는 다음에 열거한 정책들이다. 그런데 지역격차가 국가적 과제가 되어 온 정치권과 정부가 하나로 나서야 할 국가 핵심사안인가는 그 효과성과 함께 의문이 든다. 그리고 그 동안의 지역격차 해소정책은 어떠한 변명으로도 모두 실패했음을 강조해야 한다. 정책이 성공했다면 지역격차는 이미 줄어들어 거의 없어졌던가 사라졌어야 하기 때문이다.

그러면 왜 지역격차 해소정책들은 실패했는가? 지역격차 해소정책들은 '정치적 목적'을 가지고 경제적 효율성은 배제된 채 정치적으로 추진되었기 때문에 실패할 수밖에 없었다. 선거에서 표를 얻기 위한 재정투입 정책이기 때문에 실패는 당연했다. 예를 들어 중앙과 지방의 지역격차 해소가 목표였다면 세종시는 충청이 아니라 강원이 되어야 옳다. 가장 지역발전이 뒤처진 강원도의 입장에서 본다면 강원도는 세종시의 건설 이후 행정 중심 내지는 행정수도와 더 멀어지고 더욱 지방화되었다.

이렇게 지역격차를 해소하는 전통적인 방법은 중앙정부의 예산으로 도로건설, 공항건설, 교량건설 등 지역 공공사업을 추진하는 것이었다. 대부분 효율성이 떨어지는 지방도로나 지방공항 건설 등의 공공사업에 중앙의 재정이 투입되어 낭비되었다. 이러한 공공사업이 지방의 고용을 창출하고 금전적으로 도움이 되어 지역 간 격차를 개선하는 기능이 있다고 하여 일본도 상당히 많이 추진하였다. 하지만 이제는 일본에서도 상당히 자취를 감추었다.

역설적이게도 수도권과 비수도권 지역 간의 교통을 편리하게 하여 지역발전을 추구해야 한다는 지자체의 '강력한' 요구에 따라 만든 고속도로나 KTX, ITX가 비수도권 지역의 자원을 수도권이나 서울 강남으로 빼앗아가서 지역경제에 부정적인 부메랑으로 작용하기도 한다.

'충청권 표' 때문에 시작한 세종 신도시 개발

노무현 정부는 2005년 3월 '신행정수도 후속대책을 위한 연기·공주 지역 행정 중심 복합도시 건설을 위한 특별법'을 제정하였다. 그 내용은 2012년부터 2014년까지 행정수도 이전을 마무리하는 것이었다. 그에 따라 행정 중심 복합도시는 세종시가 되었다. 이에 대하여 이명박 정부에서 청와대 경제수석과 정책실장을 지낸 김대기 씨는 다음과 같이 세종시의 근본 문제점을 지적한다.

> "'아!! 세종시'-장·차관은 거의 서울에 상주할 수밖에 없다. 세종시 공무원들은 열심히 일하는 것보다 퇴근 시간이 되면 빨리 서울행 통근버스 타는 일이 더 중요하다.(중략) 예전에는 다른 부처가 회의를 소집해도 무관심하던 공무원들이 이제 서울에 있는 부처가 회의를 소집하면 고마워하면서 간다. 간부들은 오가느라 길거리에서 시간을 허비하며 아까운 출장비만 소진한다.
>
> 세종시는 태생부터 기형인 도시이다. 충청권 '표' 때문에 국가행정 시스

템이 담보로 잡힌 꼴이다. **지방이 살려면 정부보다 기업이 들어서야 한다.** (수원이 그 대표적인 예이다.)"[8] (강조는 필자)

세종시는 충청지역에서의 득표와 정치적 지지 확보라는 정치적인 이유로 만들어진 대표적인 도시이다. 세종시와 관련한 수많은 문제점 지적에도 불구하고 정치권은 충청도의 표에 대한 미련 때문에 이러한 국가적 낭비를 애써 외면해 왔다. 훗날의 역사가는 세종시를 노무현 대통령(박근혜 대통령도 포함)의 포퓰리즘 정치가 만들어낸 천문학적인 국가 손실로 기록할 것이다. 추가적으로 세종시는 도시의 인위성으로 인한 비효율성에 더하여 통일 이후 행정수도가 충남에 위치하는 비역사성과 불편함으로 재이전이 불가피하다는 점도 함께 지적되어야 한다. 세종시의 위치는 역사에 어긋난 것으로 결코 통일을 대비한 미래지향적 위치 선택이었다라고 할 수 없다.

공기업 지방 이전이 혁신이라는 '국가균형발전론'과 기업 해외 탈출을 가져온 수도권 규제

'국가균형발전론'은 정치적 목적에 근거하여 지어낸 달성 불가능한 허구(虛構)이다. 특히 균형이 어느 정도의 균형이나 평등을 의미하는가는 과거 아리스토텔레스 이후 어느 철학자도 명확한 답을 주지 못했다. 사실 수도 이전은 훗날 노무현 대통령이 스스로 인정했듯이 2002년 16대대선에서 충청권 표를 얻기 위해 급조되었고 "재미를 좀 본" 공약이었다. 그리고 국가균형발전론은 충청권에 행정복합도시가 만들어지는 것에 대한 기다 지방의 반발을 정치적으로 무마하기 위해 만들어진 논리일 뿐이었다. 충청도가 행정복합도시 후보지로 선정되자 노무현 정부가 충청도에만 특혜를 준다고 타 지역이 반발했고, 그 반발을 무마하고자 정치적인 해결책으로 급히 만든 것이 '국가균형발전론'이었다. 내용은 각 지자체에 공공기관을 이전시켜 나눠주고 16개의 기업도시-혁신도시를 건설할 수 있도록 중앙정부가 지원한다는 것이었다. 이를 위해 2004년 1월 16일 '국가균형발전특별법'을 공포하고, 2007년 1월 11일에는 '혁신도시 건설 및 지원에 관한 특별법'을 제정하여 정부의 지원을 법으로 못 박았던 것이다. 세종시든 '국가균형발전론'이든 모두 정치권이 발원지인 정치적 결정이라는 사실은 지역격차 해결의 근본 원인을 어디에서 찾아야 하느냐에 대한 중요한 메시지를 던진다.

안타깝게도 정치적 목적의 지역격차 해소 프로젝트는 거의 역설적인 결과를 초래했다. 노무현 정부가 만들어낸 행복·기업·혁신도시 정책의 결과 막대한 토지 보상비가 풀려 전국적으로 투기가 발생했고, 그 결과 지방의 땅값이 올라 공장 신설 비용은 천문학적으로 상승했고, 기업이 해외로 나가게 되는 계기가 되었다. 또 강남을 홀대하고자 했던 의도와 달리 강남의 아파트 가격이 올라 강남을 세계적인 고가(高價) 부동산 지역으로 만들었다. 결국 노무현 정부가 무리하게 추진하여 만든 '국가균형발전론'은 '행복도시'에 '행복'이 없고, '기업도시'에 '기업'이 없으며, '혁신도시'에는 '혁신기업'이 없는 서울에서 이전한 정부기관만 가득한 현실을 만들었다.

수도권 규제도 동일하게 정치적 논리로 만들어졌다. 그 내용은 대기업 입지 규제, 공장 총량제, 대학신설 금지 규제, 상수원 보호구역 규제, 군사시설 규제, 그린벨트 규제 등이다. 국토의 균형발전을 위한다고 했지만 문제는 기업들이 수도권 외의 지역으로 이전할 것이라는 정부의 의도와 달리 현실에서 기업은 해외로의 탈출을 감행했고 지금도 빠져나가고 있는 현실이다. 이들 기업이 다시 'U턴'하지 않는다면 지방의 생산기반은 계속 취약해질 수밖에 없다.

수도권 밀집을 인구 집중 때문에 나온 정책으로만 본다면 우리나라보다 더욱 인구가 밀집된 일본과 비교할 수 있다. 일본은 도쿄 일극(一極) 집중을 완화하기 위한 수도권 규제법을 가지고 있었지만 우리만큼 강력한 것은 아니었고, 그것도 일본경제가 장기불황으로 어렵게 되자 2002년 완전 폐지했다. 최근에는 오히려 총리실이 주도하여 도쿄도와 오사카부, 아이치현 등 대도시권에만 국가 전략특구라는 세제 감면과 규제 완화를 위한 전략 지구를 지정하여 투자 유치에 진력하고 있는 모습을 보이고 있다.[9] 수많은 고속도로의 건설과 KTX의 운행으로 전국이 1일 생활권이 된 현실에서 수도권 인구 밀집 및 자원 집중 완화를 위한 정책은 효과를 낼 수 없다. 그렇다면 이제는 밀집 완화가 아니라 집중에 의한 경제적 시너지 효과 창출과 국내외 투자 유치환경 조성이 해결책이다. 우리의 수도권 규제정책이 나아가야 할 방향은 (일본처럼) 전략특구 지정을 통한 규제 완화와 세제감면 조치인 것이다.

주목해야 할 것은 수도권 규제가 제조업 기업 투자만 막은 것이 아

직원 80%는 서울에 집
혁신도시發 KTX 대란

주말 표 동나 상경 못하기도

지방으로 이전한 공공기관 임직원이 가족과 함께 이주한 비율은 20%에도 미치지 못하는 것으로 나타났다. 지방으로 내려간 직원 10명 중 8명은 주말마다 서울로 올라온다는 의미다. 금요일 저녁과 토요일 오전에 '때아닌 KTX 표 구하기 전쟁'이 벌어지는 이유다.

정부의 공공기관 이전계획에 따라 151개 기관 임직원 5만여명은 2016년까지 10개 지방혁신도시로 내려가게 된다. 지난해부터 지난달 말까지 68개 공공기관이 이전을 완료했다. 이전율은 45%다. 애초 정부는 공공기관을 이전하면 기존 직원의 절반가량은 가족과 함께 이주해 지역경제 활성화에도 도움이 될 것으로 전망했다. 하지만 현실은 달랐다. 교육·생활 환경이 열악하고 문화 인프라가 갖춰져 있지 않은 탓에 기존 직원들의 가족 동반 이주율은 20%가 채 안 됐다. 현재까지 이주한 2만여명 중 1만5000명 이상이 주말에 상경함에 따라 KTX 좌석 점유율이 100%를 크게 웃도는 상황이다. ≫ A3면에 계속

백승현 기자 argos@hankyung.com

〈그림 1〉 혁신도시 직원 80퍼센트는 서울에 집[10]

니라 고부가가치의 서비스 산업과 문화산업 육성을 함께 묶어서 억제하고 있는 점이다. 금융·교육·의료·법률·문화·관광·교통의 인프라는 국제적 수준인데, 그 경쟁력을 발휘하지 못하게 규제하고 있는 상황이다. 따라서 서비스 산업과 문화 컨텐츠 사업을 일으켜 경제를 살리고 싶다면 '수도권 진입 규제'를 풀어야 하는 것이다. 이제 해 볼 만큼 해 보았으니 허망한 '수도권 진입 규제'와 '국가균형발전론'에서 벗어나야 할 때가 되었다.

최근 '국가균형발전론'에 따른 공기업 지방 이전이 완결되었다. 광주, 전남으로 이전되는 공기업은 한국농어촌공사, 농수산물유통공사, 한국전력, 한전 KDN, 한국전력거래소, 우정사업정보센터, 한국문화예술진

흥원, 한국정보보호진흥원, 농업연수원 등 18개 기관이었고, 강원으로 이전되는 공기업은 한국관광공사, 한국광물자원공사, 대한석탄공사, 한국광해관리공단, 도로교통공단, 국립공원관리공단, 국민건강보험공단, 보훈복지의료공단, 건강보험심사평가원 등이었다. 하지만 그림에서 보듯이 공기업 지방 이전과 지방 혁신도시가 결과한 것은 기업의 입주와 지역 거점혁신이라기보다는 이주하지 않은 5만 명 직원의 주말 대이동이다(〈그림 1〉 참조). 결국 혁신도시는 KTX 영업이익을 '혁신'적으로 올려주는 '혁신적'인 역할을 하게 된 코미디를 연출하고 있다.

박근혜 대통령은 2015년 1월 12일 기자회견에서 수도권 규제 완화와 관련된 질문을 받고 "수도권 규제는 덩어리 규제로 아주 관심이 큰 규제인데, 조금씩 해서는 안 되니 지난해 과감하게 풀자고 규제 단두대에 올라온 과제"라며 "종합적인 국토정책 차원에서 의견을 수렴해 연내에 해결하도록 하겠다."고 언급했다. 대통령이 "수도권 규제 연내에 해결하겠다."라는 언급한 것은 상황의 심각성, 즉 수도권 규제 해결 없이는 기업 투자가 어렵다는 것을 인식한 것으로 매우 의미 있는 진전이다. 하지만 박근혜 대통령의 이러한 언급은 구체적인 시기나 방안, 정책이 뒷받침되지 않는 채로 '~~~하겠습니다'의 희망을 밝힌 것뿐으로 구체적이지 못하다. 더욱 구체화되어야 할 필요가 있겠다. 뿐만 아니라 당시 최경환 부총리는 "오래전부터 논란이 돼 왔던 지역인데, 지역균형발전과 함께 대책이 나와야 한다."고 언급해 박근혜 대통령이 한 약속과 서로 배치된다.[11] 대통령은 '규제 단두대'를 이야기하고 담당하고 있는 경제부총리는 '지역균형발전 대책이 먼저'라는 정책 엇박자를 보이고 있다.

정치권은 수도권 규제 완화를 위해서는 수도권-비수도권 상생정책 또는 지역균형발전 정책이 먼저 나와야 함을 언급하고 있다. 하지만 문제는 지역균형발전 대책으로 무엇이 얼마나 더 필요한가이다. 지역균형발전 대책은 대책일 뿐이지 또다시 실패할 것이 명약관화(明若觀火)하기 때문이다. 어려운 경제를 풀기 위해 수도권 규제 완화나 철폐에 들어가려 해도 정치권이 합의하고 법안으로 만들어야 하는데 현재의 정치구도 때문에 힘들다. 왜냐하면 수도권 지역구 의원은 112명이고 비수도권 의원이 134명이라 수도권 규제 완화가 '여-야'의 대결구도를 넘어서 '수도권-지방(비수도권)' 구도가 되어 넘을 수 없는 '정치실패'에 봉착하고 말기 때문이다. 나아가 서울-경기도지사는 해결을 원하지만 나머지 시·도에서는 규제를 원하는 사안이어서 지자체의 반대를 극복하기 역시 쉽지 않다.[12] 박근혜 대통령이 "정권이 무너져도 수도권 규제는 해결한다."는 사즉생(死則生)의 각오를 가지고 야당과 지방을 설득하여야 가능할 것이다.

따라서 우선은 대통령과 경제부총리가 행정적으로 풀 수 있는 수도권 행정규제들을 모두 풀어 투자를 촉진하고, 그 결과를 가지고 큰 원칙의 규제 해제를 국회의 입법에 맡겨서 해결하는 방안이 바람직할 것이다. 권태신 한국경제연구원장은 좀 더 구체적으로 "미국 텍사스주의 6분의 1도 안 되는 국토에서 수도권과 비수도권을 구분짓는 것은" 시대착오적이며 "정치적인 반발 때문에 수도권 규제정책을 바꿀 수 없다면 (우선) 자연보전권역에서 공해 배출을 하지 않는 공장은 신·증설을 가능하게" 행정규제를 풀어주는 방안을 제시하고 있다.[13] 정부와 지자체가 해결 가능한 작은 수도권 행정규제들을 먼저 풀어서 시작을 해야 공론화되고 정치권이 따라 나서게 될 것이기 때문이다. 그러나 수도권 행정규제를 푸는 대가로 지방에 또 다른 특혜와 재정 지원이 이루어진다면 과거의 인위적 지역격차 해소정책을 반복할 뿐이다.

격차를 과장하고 사회갈등으로 문제시하는 정치가 문제

기본적으로 경제활동에 필요한 생산요소는 공간적으로 상이하게 분포하기 때문에 지역 간 격차는 필연적으로 발생할 수밖에 없다. 즉 지역 격차의 존재란 생산요소의 상이성 때문에 생겨나는 것으로 불가역적이다. 문제는 이러한 격차 내지는 '차이(difference)'를 인정하지 않고 싶은 인간의 '부러워하는 심성' 때문이다. 또한 그러한 심성을 정치적으로 이용하기 위해 격차를 과장하고 사회갈등으로 문제시하는 정치가 도리어 문제의 핵심이다.

예를 들어 수도권은 11.8퍼센트의 면적으로 인구의 49.5퍼센트, 취업인원의 50.3퍼센트, 지역 내 총생산의 48.9퍼센트를 담당하고 있다. 이러한 현상을 비정상적인 현상이라고 생각하고 있는 박근혜 정부는 국가 균형발전을 위한 '지역희망(HOPE) 프로젝트'를 제시하고 있다. 새누리당의 균형발전에 대한 인식 역시 유사하다. 새누리당 전당대회 경선에 출마한 김무성 의원은 전북 전주한옥마을을 방문한 자리에서 "지역 간 경제력의 불평등이 굉장히 심하다."며 "지금의 시대정신은 지역격차 해소"라고 말했다. 나아가 "지금 시대정신은 격차 해소이다. 빈부 간의 격차, 갑을 간의 여러 가지 불평등한 계약, 그런데 지역 경제력의 불평등이 굉장히 심각하다."고 언급하며 또 "지역총생산(GRDP)의 1위가 울산이고 2위가 충남인데 전북은 한참 밑에 있다."며 "지역 경제적 편차를 해소하기 위한 특단의 대책이 필요하다. 국가 리더십이 이것을 해결해야 한다고 생각한다."고 강조하고 있다.[14]

지역격차와 관련한 다양한 언론의 시각 중 한 논평을 보자.

> 지역주의는 한국사회가 안고 있는 고질적 문제다. 경부 축을 중심으로 한 근대화 과정에서 누적된 자원 배분 및 권력 엘리트 충원에서의 영남 편중, 전두환 정권의 '광주 학살', 양김의 분열과 반목, 정치권의 지역감정 부추기기 등이 30년 세월 동안 이어지면서 지역주의는 논리가 아닌 정서와 감정으로 내면화됐다. 내면화된 정서와 감정은 쉽사리 바뀌지 않는다. 선거제도를 바꾼다고 단숨에 해결될 일은 아니다. 그렇다고 언제까지 두고 볼 수만은 없다. 지역구도 해소에 도움이 되는 것이라면 바꿀 수 있고, 바꿔야 한다. 하지만 거기에는 정서와 감정이 받아들일 수 있는 '진정성'이 있어야 한다.[15]

정치인들이 지역주의를 조장하는 발언을 하여 당선되고, 선거구에 상당한 수준의 예산을 확보해 온다면, 선거구민에게 지역주의 투표는 합리적 선택이 된다. 위의 논평은 지역격차를 기반으로 하는 지역주의 감성이 정치인들 자신의 이익을 위해 과장하는 것일 수 있음을 이해하지 못하고 있다.

지역격차는 전 세계 모든 나라에 존재한다

지역격차는 전 세계 모든 나라에 존재한다. 대체적으로 선진국보다는 후진국에서 소득분배의 불평등과 지역격차가 높은 경향이 있다. 물론 전체적으로 잘살기 때문에 또는 전체적으로 못살기 때문에 소득 불평등과 지역격차가 낮을 수도 있다. 핵심은 불평등이 어느 정도 심화되어야 양극화라고 인식하느냐는 '정도'의 문제이다. 그것은 순전히 자기정체성과 관련된 문화적이고 심리적인 것이다. 나아가 그러한 '차이' 내지는 '격차'를 정치적으로 문제시하고 교정하려는 정책이 문제가 된다.

서양의 경우 미국, 러시아, 스위스처럼 연방제를 운영하는 경우에는 지역격차에 대한 문제의식이나 정치문제화 시도가 적고, 프랑스나 한국처럼 강한 중앙집권 정치체제에서는 지역격차와 불평등을 강하게 문제시하는 것으로 보여진다. 각자 지역에게 결정을 맡기는 연방제의 경우 '격차'나 '차이'는 '다름(difference)'이 되지 '불평등(inequality)'이나 '손해(loss)'가 되지 않지만, 중앙정부가 모든 것을 결정하여 자기결정권이 박탈된 경우 격차는 중앙이 만들어낸 '참을 수 없는 불평등'이 되기 때문이다.

지역격차를 심화시키는 핵심 요인은 경기침체와 불경기이다

나아가 지역격차를 심화시키는 요인은 중앙으로의 집중이 아니라 경기침체와 불경기임을 인식해야 한다. 다치바나키 도시아키의 설명에 따르면 일본의 경우 1975년의 전국 평균 실업률이 낮은 지역이 호쿠리쿠 1.6퍼센트, 다음으로 토카이가 1.7퍼센트였다. 실업률이 가장 높은 지역은 오키나와로 8.1퍼센트였다. 그리고 큐슈는 3.2퍼센트로 그 뒤를 잇는다. 2000년이 되면 실업률은 전국 평균이 4.7퍼센트가 되어 1975년보다 2.4퍼센트 증가되었다. 거의 2배 이상이 증가한 것이다. 가장 낮은 실업률은 호쿠리쿠의 3.4퍼센트, 그 다음으로 토카이의 3.9퍼센트였다. 가장 높은 실업률은 오키나와가 9.4퍼센트, 큐슈가 5.1퍼센트였다. 일본 역시 실업률로 본 지역격차는 30년 전과 지금이 거의 달라지지 않고 지속되고 있다.[16] 특징적인 것은 일본에서 최근 15년 불경기의 지속으로 실업률 전체가 상승하였고 산업이 제대로 자리잡지 못한 오키나와나 큐슈 같은 지방은 실업의 심각성이 더 커서 지역격차가 확대되고 있는 것으로 보인다. 그러나 실업문제의 원인은 경기침체와 불경기이지 지역격차가 아니다. 지역격차 때문에 경기침체와 실업률 증가가 오는 것은 아니기 때문이다.

그렇다면 경제성장의 지속만이 중앙과 지방, 수도권과 비수도권, 잘사는 지역과 못사는 지역의 격차를 줄이고 또한 격차 해소를 가능하게 함을 알 수 있다. 즉 지방의 사정을 나아지게 하는 것은 정부 개입에 의한 격차 완화조치가 아니라 오직 경제성장뿐이라는 것이다. 정부 개입에 의한 지역격차 완화조치들은 앞에서 설명한 수많은 사례에서 보듯이 효율성이 떨어지고 재정의 손실만 가져오게 된다. 중앙에 의해 교부되는 예산은 이명박 정부 때에는 '녹색성장'과 '4대강 사업' 등 정권 차원의 사업과 연계된 것이 대부분이었으며 박근혜 정부에서는 '창조경제'와 'DMZ 평화공원' 등 중앙 정권의 핵심 사업에 예속된 것이 대다수를 차지한다. 따라서 중앙-지방의 지역격차를 해소하기 위해서는 중앙에 의해 지방에 교부되는 교부금이 진정으로 지방을 위한 목적으로 사용될 수 있게 중앙 교부금 사용 제도가 바뀌어야 한다. 나아가 지방정부의 재정자립을 위해 가능한 한 많은 세목들을 지방으로 넘기고, 공무원 인사의 자율성을 보장하는 등 지방의 경제적 자립과 자력 발전을 위한 확실한 지방분권이 필요하다. 장기적으로는 연방제 수준의 자치 도입이 필요하다고 하겠다.

인간은 '부러워하는 동물'이지만 관용성을 키워야

복거일과 송호근은 지역격차의 원인과 극복을 위한 방안을 심리적인 측면에서 설명한다. 복거일은 "보다 심각한 문제는 우리가 모두 '부러워하는 동물'이라는 사실에서 나온다."고 했다. 지역격차를 다수가 문제라고 믿는 근본적 이유다. 못산다고 생각하는 지역이 잘산다고 생각하는 지역보다 크고 인구도 지역도 많기 때문이다. 결국 못산다고 인식하는 지역이 잘산다고 생각하는 지역보다 항상 많을 수밖에 없기 때문에 지역격차 문제는 이슈화되는 것이고 영원히 해결할 수 없는 문제가 된다. 우리 사회는 "다수가 문제라고 믿으면 문제가 된다."는 지적이다. 다수가 믿으면 무조건 진리가 되는 대한민국의 포퓰리즘적 사고가 바뀌어야 지역격차 문제가 해결된다고 하겠다.

송호근은 우리 사회가 격차나 불평등에 대한 관용[톨레랑스(tolérance)]이 부족하다고 지적하고 이러한 현상을 '한국인의 평등주의' 습관이라고 정의하고 있다. 그에 따르면 평등주의(equalitarianism)는 평등(equality)을 지향하는 심성 내지는 정신적 특성을 말하는데 개인적 차원에서는 불평등을 참지 못하는 마음의 습관이며, 이것이 사회적으로 모여 여론과 공론장을 지배하는 '집단정신(collective mind)'이 되었다고 설명한다. 그리고 이러한 평등주의는 우리 사회의 이데올로기가 되었다고 강조한다. 서구의 경우 자본주의 발전을 가져온 부르주아가 자유주의의 실천 계급으로서 시장에서의 경쟁의 승리와 패배를 당연히 받아들이는 관용을 키웠지만 한국의 중산층은 부르주아적 경험이 결핍된 채 중산층의 가장 중요한 덕목인 '교양'을 배양하고 내면화하지 못했다는 것이다.[17] 즉 한국 사회가 가진 교양층의 부재를 평등주의 심성의 원인으로 주목하고 있다. 송호근은 특히 유럽 통합을 이끈 '교양시민(Bildungsburgentum, a cultural bourgeoisie)'의 책임 있는 행동과 역할에 주목한다. 민주적 정체 하의 시민은 적어도 사회적 다름에 대한 '관용'의 미덕과 인내를 가져야 하는데 우리는 그렇지 못하다.

정부에 의한 인위적인 지역격차 완화에 실패한 대표적인 해외 사례로 1960년 브라질이 수도를 리오데자네이루(Rio de Janeiro)에서 브라질리아로 수도를 옮긴 것, 소련이 수도를 모스크바로 옮긴 것, 버마 군부 독재정권이 수도를 랭군(양곤)에서 레피노(Nay Phy Taw)로 옮기고 나라 이름도 버마에서 미얀마로 변경한 것을 들 수 있다. 공통적인 것은 모두 브라질처럼 사회주의 정권이거나 버마처럼 사회주의를 표방한 군부 사회주의 정권 그리고 소련 공산 독재정권이 추진한 일이라는 점이다. 계획경제를 표방한 나라들에서 가능한 일이기 때문이다. 시골 오지에 도시를 건설하고 해안 도시에 밀집된 인구를 분산시켜 도시 과밀화를 해소하고 지역별 격차해소를 시도했으나 이러한 계획적인 도시개발 정책은 모두 실패하였다. 그 이유는 자생적으로 만들어지는 것이 아닌 사회주의 독재정권의 계획과 강제에 의한 이전에 국민이 동의하지 않았기 때문이다. 국토의 중앙부로 수도를 옮긴 브라질리아의 천도는 내륙 발전과 국토균형발전을 위한 것이었다는 측면에서 한국이 세종시로 수도 이전을 하려 했던 것과 너무도 유사하다. 아마존 유역 개발도 유사하다. 빈곤계층들이 노동자로 일하게 되면 돈을 벌 수 있게 되는, 격차를 해소하게 되는 사업이었지만 결과적으로는 실패하였다. 의도와 달리 아마존 유역의 환경오염만 키웠다. 정부와 공무원들의 '치명적 자만(fatal conceit)'에 의해 계획하여 만든 브라질리아, 모스크바, 레피도는 모두 실패한 수도 이전의 사례이다. 자생력 없이 계획만으로 만들어진 세종시가 바로 노무현 정부의 '치명적 자만'을 보여준 대표적 사례이다.

다른 측면에서 본다면 오히려 지방이 대도시보다 주택 상황이 양호하고 교통의 혼잡이 없으며 소음이 적고 대기오염에 대한 우려도 적기 때문에 지역격차는 문제가 되지 않을 수도 있다. 한마디로 취향과 연령층에 따라서는 지방이나 소도시가 대도시보다 살기 좋은 곳이 될 수도 있다. 결국 해답은 각 지역마다 살기 좋은 지역 만들기로 특성화, 개성화하는 것이다. 예를 들어 일본에서 가장 살기 좋은 곳은 토야마, 이시카와, 후쿠이, 호쿠리쿠 3현이지 도쿄나 오사카와 같은 대도시가 아님은 잘 알려진 사실이다.[18] 미국에서 가장 살기 좋은 주(state)는 하와이, 버몽트, 뉴햄프셔가 1, 2, 3위를 기록하고 있다.[19] 우리나라는 전국에서 가장 살기 좋은 도시(city)나 지역(region)을 뽑지 않는다. 한국인들이 평등성을 강조하고 획일화를 추구하기 때문이다.

지역격차 해소는 지방의 자율과 자립에 맡겨야 한다

또 하나 생각해야 할 문제는 지역 내의 격차를 어떻게 할 것인가이다. 예를 들어 제주 산남·산북 지역간 지역격차는 어떻게 해소할 것인가이다. 도·농 격차는 인구 밀집지역과 인구 과소 지역의 세금과 인프라 격차이므로 문제될 것이 없다. 사실 지역격차로 이야기한다면, 또는 지역 홀대 내지는 지역적 낙후를 이야기한다면 영·호남과 충청, 제주도보다 강원도가 문제 제기의 1순위에 있어야 한다. 북한과 인접한 군사지역이라는 이유로 그리고 수도권 식수공급을 위한 상수원 보호 지역이라는 이유로 공장 신설 자체가 금지되고 크게 제약을 받는 지역이다. 하지만 가장 지역감정이나 지역홀대론이 적은 이유는 무엇인가. 결국은 '부러워하는 심성'을 정치인들이 얼마나 정치적으로 이슈화했느냐의 문제이다. 나아가 지역이 단결하여 지역격차와 지역갈등을 외치고 지역주의 투표로 귀결되는 현상, 격차가 정치화되어 투표의 주요 변수가 되는 것, 즉 지역격차의 정치 이슈화가 문제의 핵심이다.

일자리를 만들어내는 것이 가장 좋은 복지라는 이야기가 가르치듯이 빠른 경제성장은 공평한 분배, 지역격차 해소에 이르는 거의 유일한 길이다. 성장의 시기에는 자신에게도 상승의 가능성이 있으므로 소득격차, 지역격차가 문제되지 않았지만, 성장이 멈추면 처지의 고착이 두려워져서 격차를 '양극화'라고 비난하고 반발한다는 것은 이제 평범한 진리이다. '타이거 맘(Tiger Mom)'처럼 정부가 벤처를 지원하면 그것이 더 이상 벤처가 아니고 그저 그런 콩나물일 뿐이듯이 정부가 지역격차 완화를 위해 국토균형발전 정책을 실시하고 지역차별 철폐를 위해 주요직의 인사 추천에까지 지역 안배를 하기 시작하면 춘천과 원주, 강릉의 갈등처럼 지역 내 소지역 갈등을 키우고 또 국가 전체적으로도 반드시 또 다른 특혜 시비를 낳게 된다. 그리고 그 결과는 앞에서 설명한 바와 같이 나라 전체의 갈등 증폭의 정치가 될 뿐이다. 중앙정부가 주도하는 '국가균형발전 정책'은 해볼 만큼 해보았으니 이제 그만둘 때도 됐다. 지역균형발전 정책이 결과적으로 수도권 주변 지역의 발전과 그 이외 지역의 불균형을 형성하는 정책의 원인이 되었기 때문이다.

따라서 지방이 스스로 전국에서 가장 살기 좋은 지역이 되기 위해 노력을 하고, 지역 경제 활성화를 위해 기업 유치에 전력으로 노력하는 것만이 지역격차를 해소하는 최선의 방책이다. 지역격차를 중앙과 정치인의 약속에 기대지 않고 지방 스스로 해결하겠다는 의식과 발상의 전환이 필요하다(〈표 5〉 참조). 최근 충남 지역이 급속히 발전한 이유가

주도적 역할의 주체	비중
중앙정부	61.3
지방정부(자치단체)	29.8
민간기업	2.8
시민단체, 지역민	5.8
기타	0.2

〈표 5〉 지역격차 해소를 위한 주도적 역할의 주체 [20]

수도권 공장 설립 규제 때문인 것은 잘 알려진 사실이다. 수도권과 지방의 지역격차를 해소하기 위한 수도권 진입 규제가 지방 사이에 평등이 아니라 불평등을 가져온 것은 아이러니하다. 결국 지역격차 해소는 정치권과 정부의 인위적 개입이 아니라 지방의 자율과 자립에 맡겨야 함을 깨닫게 한다.

주

1 '지역격차,' 네이버 지식백과 용어해설, http://terms.naver.com/entry.nhn?docId=1594503&cid=50298&categoryId=50298(접속일자: 2015년 1월 28일).

2 "Regional (spatial) disparities express the scope of difference of intensity manifestation of economic phenomena under investigation observed within regions of given country." *OECD, Geographic Concentration and Territorial Disparity in OECD Countries*, Paris: OECD Publications Service, 2003.

3 비상교육, 『고등학교 한국지리』, 2011, p.298.

4 현대경제연구원, 「우리나라의 지역 간 경제력 격차 현황과 시사점」, 『VIP 리포트』 14-42호(통권 593호), 2014년 11월 17일, p.2.

5 현대경제연구원, 「우리나라의 지역 간 경제력 격차 현황과 시사점」," 『VIP 리포트』 14-42호(통권 593호), 2014년 11월 17일, p.3.

6 김인희·오윤경·이주일, 『지역 간 격차해소를 위한 상생발전방안과 서울시 역할』, 서울연구원, 2012, p.42.

7 김인희·오윤경·이주일, 『지역 간 격차해소를 위한 상생발전방안과 서울시 역할』, p.43.

8 김대기, 『덫에 걸린 한국경제』, 김영사, 2013, p.132.

9) 변창흠, 「수도권 규제, 도쿄를 벤치마킹 하나」, 『한국일보』 2014년 4월 7일자.

10 『한국경제신문』 2014년 11월 22일, A1. 「혁신도시발 KTX 대란」.

11 최경환, 「수도권 규제 완화, 가능하면 올해 내에 해결」, 『연합뉴스』, 2015년 1월 13일자, http://www.yonhapnews.co.kr/economy/2015/01/13/0301000000AKR20150113177251002.HTML(접속일자: 2015년 1월 16일).

12 김재후, 「의석 수 112(수도권) vs 134(비수도권)… 번번이 '국회 벽'에 좌절」, 『한국경제신문』, 2015년 1월 13일 A4.

13 호경업·채성진, 「[투자 막는 수도권 규제] 수도권 규제 30년, 하향 평준화만」, 『조선일보』, 2015년 1월 28일자. A8.

14 「새누리당 김무성 의원, '지금 시대정신은 지역격차해소'」『전북도민일보』 2014년 6월 30일자.

15 전진우, 「'승부수'로는 지역구도 넘지 못한다」, 『동아일보』 2005년 7월 16일자.

16 다치나바키 도시아키, 남기훈 옮김, 『격차사회』, 세움과비움, 2013, p.119.

17 송호근, 『한국의 평등주의, 그 마음의 습관』, 삼성경제연구소, 2006, p.133.

18 다치바나키 도시아키, 남기훈 옮김, 『격차사회』, 2013, p.189.

19 2014년 CNBC에서 발표한 미국에서 가장 살기 좋은 주 Top 10, http://blog.naver.com/ ccdc1999/220204594770(검색일자: 2014년 12월 9일).

20 김인희·오윤경·이주일, 『지역 간 격차해소를 위한 상생발전방안과 서울시 역할』, p. 57. 서울연구원의 연구진 김인희 · 오윤경 · 이주일이 전국 15개 시 · 도 즉 강원, 경기, 경남, 대구경북, 대전, 부산, 서울, 울산, 인천, 전남, 제주, 충북, 충남, 한국지방행정연구원 등을 대상으로 실시한 설문조사 결과임. 조사기간은 2012년 10월 9일~11월 9일. 유효설문지수 942부. 공무원 34.8퍼센트, 교수 13.6퍼센트, 연구원 41.7퍼센트, 기타 9.8퍼센트임.

7장

격차 이야기

—

신중섭(강원대학교 교수 | 윤리교육과)

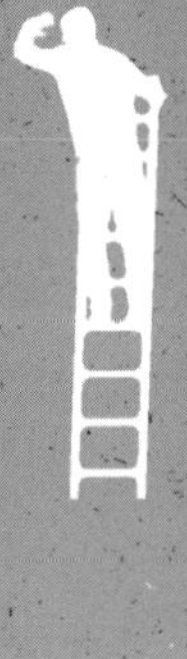

'수'가 갖는 선동력

우리는 어떤 차이를 수로 표시한다. 하루 가운데 가장 낮은 기온과 가장 높은 기온의 차이를 일교차라 하듯이 수로 표시할 수 있는 모든 사물에 격차는 존재한다. 인간의 지적 능력을 표시하는 IQ, 정서적 능력을 표시하는 EQ도 개인 간에 차이가 난다.

격차는 객관적이다. 수는 비교할 수 있다. 더하고 빼고 곱하고 나눈다. 세상의 중요한 많은 것은 대부분 수로 표시된다. 인생사에서 가장 중요한 결혼에서도 결혼 상대자의 특성은 대체로 수로 표시된다. 키가 얼마냐, 몸무게가 얼마냐, 어느 정도 교육을 받았느냐, 직장이 어디이냐 등은 모두 수로 표시된다. 사람들은 낮은 수보다 높은 수를 선호한다. 교육의 정도나 직장도 사실은 교육 연한과 연봉을 통해 수로 표시된다. 우리는 매일 수 속에 살고 있다. 수로 지하철 요금을 내고, 수로 표시된

지하철을 탄다. 심지어 모든 사람이 수로 표시된 자신의 고유한 번호를 가지고 있다. 심지어 건강도 수로 표시된다. 백혈구, 적혈구, 혈소판, 혈압, 당뇨, 콜레스테롤도 모두 수로 표시된다.

문명의 발전은 결국 수로 표시할 수 있는 영역의 확장과 수를 늘려가는 것이다. 한 나라의 힘은 GDP로, 1인당 소득은 1인당 GDP로, 자유도, 부패도, 건강도 모두 수로 표시한다. 국가의 모든 것을 수로 표시함으로써 국가 사이의 비교가 가능해졌다. OECD, 세계은행과 여러 재단들은 각국의 여러 특성을 수로 표시한다. 빅데이터의 출현으로 수로 표시할 수 있는 영역은 점점 더 확대되고 있다.

이전에는 수로 표현하기 어려웠던 것이 이제 모두 수로 표시되어 비교할 수 있게 되었다. 그 가운데 대표적인 것이 소득과 부이고, 소득과 부의 격차이다. 최근에 우리 사회에서 격차가 쟁점으로 등장한 이유는 경제적 격차 곧 자신의 소득과 재산이 수로 표시되고, 정부 정책이 궁극적으로 자신의 소득과 재산에 영향을 미칠 수 있게 되었기 때문이다.

'격차'의 사전적(辭典的) 의미는 '수준이나 품질·수량 따위의 차이'다. 차이가 수로 표시될 때 사람들은 흥분한다. 특히 소득과 부가 수로 표시되고, 그 격차[1]가 생각보다 클 때 사람들은 흥분한다.

'격차(隔差)'는 '빈부·임금·기술 수준 따위의 차이'를 의미하기도 한다. '격차가 크다.'는 말은 '거리나 관계가 멀리 떨어져 있다.'는 의미다. 그러나 '소득격차' '생활수준의 격차' '격차가 벌어지다' '빈부격차가 심화되다' 등의 용례에서 볼 수 있듯이 '격차'라는 말에는 단순한 '차이' 이상의 부정적인 의미가 내포되어 있다. '격차'라는 말 뒤에 '해소'라는 말이 따라 나오는 것은 '격차'가 해소되어야 한다는 가치 판단이 들어 있기 때문이다. 그러나 '격차'라고 해서 반드시 해소되어야 하는 것은 아니다. '해소'를 위한 시도가 더 부정적인 결과를 초래할 수도 있기 때문이다.

격차는 양면적 특성을 지닌다. 격차는 시간과 공간 영역에서 달리 나타난다. 격차는 시간적·공간적으로 다른 양상으로 표현될 수 있다. 그럼에도 불구하고 사람들은 격차를 살필 때 시간과 공간의 차이를 크게 고려하지 않고, 동시대 동일 공간의 격차만을 비교한다. 때때로 다른 공간과 비교하기도 하지만, 이런 비교의 목적은 자신이 속한 공간의 격차를 드러내 격차를 줄여야 한다는 주장을 정당화하기 위함이다. 그러나 우리가 격차를 포괄적으로 이해하려면 격차를 살필 때 시간과 공간도 함께 고려해야 한다.

토끼와 거북

토끼와 거북의 우화는 우리에게 널리 알려진 이야기다. 이 이야기가 주려는 교훈은 분명해 보인다. 경주에서 토끼처럼 교만하지 말고 거북처럼 열심히 노력하면 좋은 결과가 나올 수 있다는 것이다.

우화는 그냥 우화일 뿐이다. 그럼에도 불구하고 이 우화에 대한 해석은 여럿이다. 격차와 관련하여 이 이야기를 재해석하면 다른 해석이 나올 수 있다. 우화와 달리 토끼가 잠을 자지 않는다면 토끼와 거북 사이의 거리는 점점 벌어지게 된다. 시간이 갈수록 더욱 벌어진다. 이 간격을 줄이는 방법은 무엇인가. 거북을 빨리 달리게 하거나 토끼를 느리게 달리게 하는 것이다. 그렇게 하는 것이 불가능한 것은 아니다. 토끼와 거북의 달리기 경쟁에 여러 가지 규제를 가하거나 토끼에게 불리한 조건을 인위적으로 만드는 것이다. 토끼에게 수면제를 먹이고, 거북에게는 강장제를 먹이는 것이다.

가장 근본적인 규제는 토끼의 달리기 능력을 거북에 맞추도록 하는 것이다. 토끼가 빨리 달리지 못하게 하려면 토끼 몸에 무거운 돌을 달아주는 것이다. 무거운 돌을 달아서 그것을 끌고 가게 하면 토끼의 달리기 속도는 시간이 갈수록 느려질 것이다. 여러 가지 계산을 통해 잘 조절하면 토끼와 거북이 거의 동시에 결승점에 도달하게 할 수 있다. 커트 보네거트는 단편 소설 「해리슨 버거론」에서 사이언스 픽션의 기법을 통해 평등사회의 실현이 초래할 수 있는 악몽을 그렸다.

> 서기 2081년, 만인은 마침내 평등해졌다. 하나님이나 법 앞에서만 평등해진 것이 아니라 사실상 모든 면에서 완벽한 평등을 누리게 되었다. 다른 사람들보다 더 똑똑한 사람도 없어졌고, 심지어 다른 사람들보다 더 잘생긴 사람도 없었다. 아무도 다른 이들보다 더 힘이 세거나 더 민첩하지 않았다. 이처럼 인류 역사상 유래 없는 평등 세상은 미합중국 수정헌법 제 211조, 제 212조 및 제 213조에 의거하여 실현된 것으로서, 오로지 '미합중국 평등유지관리국' 요원들의 끊임없는 감시활동으로 지탱되고 있었다. (중략)
>
> 조지의 경우 지능은 평균보다 상당히 높았지만, 귀에 평등관리국에서

달아 놓은 정신 장애용 수신기를 끼고 있었기 때문에 역시 쓸데없는 생각은 할 수가 없었다. 법에 의해서 그는 그것을 항상 끼고 있어야 했다. 그 수신기는 정부에서 일괄적으로 발신하는 장애 전파의 주파수에 맞추어져 있어서 조지처럼 필요 없이 두뇌가 좋은 사람들이 그로 말미암아 부당한 이득을 보지 않도록 매 20초 간격마다 갖가지 날카로운 잡음을 송신했다.

해리슨은 잘생긴 얼굴을 가리기 위해 "빨간 고무공을 코에 걸고, 눈썹은 밀고, 하얀 이는 검은 덮개를 씌우고 군데군데 뻐드렁니도 박았다." 그리고 육체적 힘을 줄이기 위해 150킬로그램이 넘는 고철을 짊어지고 다녀야 했다.

물론 롤즈와 같은 평등주의자가 이런 식으로 평등을 실현하려고 하지는 않았다. 그는 재능 있는 사람에게 불이익을 주지 않으면서 재능과 소질의 불공정한 분배를 바로잡으려고 했다. 그러나 그의 시도가 성공했다고 보기는 어렵다. 결과의 평등을 실현하는 것이 가능하지 않다고 믿는 사람들은 한발 뒤로 물러나 출발의 평등을 주장하지만 이것도 가능하지 않다. 「해리슨 버거론」처럼 하지 않는다면 어떻게 모든 사람이 동일한 출발선에 설 수 있겠는가.

이런 난점에 봉착하여 평등주의자들은 격차를 줄이는 또 다른 방법으로 달리기 결과에 대한 보상을 조절할 수도 있다. 느린 거북의 성실성을 보상하려면 얼마나 빨리 목적지에 도착하였는가를 기준으로 등수를 매겨 보상하는 것이 아니라, 얼마나 열심히 경기에 임했는가로 결정할 수도 있다. 그러나 이 기준이 미리 공지된다면 토끼도 이 기준에 맞출 것이기 때문에 거북과 토끼가 동일한 보상을 받을 수는 없는 것이다.

또 다른 방법은 1등과 2등의 보상격차를 줄이는 것이다. 상금을 주는 경우 1등에게는 100만원을 2등에게는 99만원을 준다면 토끼와 거북이의 소득격차는 줄어들 것이다. 그런데 문제는 격차가 적을수록 토끼와 거북이가 서로 열심히 달려야 할 유인이 줄어들게 된다. 이런 시도가 실패할 수밖에 없다는 것은 이미 공산주의 사회에서 밝혀졌다.

곰곰이 생각해 보면 인생을 경주에 비유하면서 기회 균등을 보장하기 위해 동일한 출발선에서 모든 사람이 출발하도록 해야 한다는 비유 자체가 잘못이라는 것을 알 수 있다. 인생은 모든 사람이 동일한 목적을 향해 달리는 경주가 아니다. 인생의 목적은 개인에 따라 다를 수밖에 없으며, 출발점도 제각각이다. '기회 균등'이라는 말 자체가 오류이다. 기회는 원천적으로 균등할 수 없다. 기회 균등에 '법 앞의 평등' 이상의 의미를 부여하는 것은 실제적으로 큰 의미가 없다.

격차 지수에 보이는 것과 보이지 않는 것

격차에 대한 논의는 주로 상대적 비율만을 문제 삼는다는 점에서 사람들의 실질적인 생활 변화를 보여주지 못한다. 격차를 측정하는 지표, 예를 들면 불평등을 나타내는 지표로 사용되는 지니계수나 소득과 자산의 불평등을 보여주기 위한 상위 1퍼센트, 또는 10퍼센트가 전체 소득과 자산에서 차지하는 비율, 하위 10퍼센트가 차지하는 비율은 상대적인 비율을 보여주는 것이다. 이러한 지수와 비율은 시계열(時系列) 속에서 사람들의 생활수준이 얼마나 향상되었는가를 보여주지는 못한다. 지니계수는 소득분배의 불평등 정도를 숫자로 표시한다. 지표는 0과 1사이의 수치로 표현된다. 0일 때가 완전평등이고 1일 때는 완전 불평등을 표시한다.

예를 들면 1980년도 오스트레일리아와 미국의 경우 임금분배와 소득분배의 분배 불평등도는 높다. 반면에 체코슬로바키아의 임금분배의 불평등도는 대단히 낮고, 동독의 소득분배 불평등도도 낮다. 헝가리의 경우 분배 불평등도는 대난히 낮고, 소득분배 불평등도도 낮다. 대체로 사회주의 국가의 경우 자본주의 국가와 비교하여 임금분배 불평등도와 소득분배 불평등도가 매우 낮다.[2] 이를 근거로 사회주의 국가 국민들의 삶의 질이 더 높다고 할 수는 없다. 불평등도가 낮다고 좋은 것만도 아니고 높다고 나쁜 것만도 아니다.

이와 반대되는 예도 있다. 일본의 전쟁 전후의 소득분배 불평등의 변화를 보여주는 지니계수는 1890년에 0.311, 1900년에는 0.417, 1910년에는 0.420, 1940년에는 0.641이었고, 1956년에는 0.313, 1962년에는 0.376, 1974년에는 0.344, 1980년에는 0.334였다.[3] 이 수치들은 단지 비율만을 보여주는 것이지 생활수준의 향상 정도는 보여주지 않는다. 다음 표에 나타난 중산층과 빈곤층이라는 개념도 동일하다. '중위 소득'이 얼마인지는 보지 않고 상대적 비율만 나타내는 표는 항상 상대적 비교에 기초하고 있다.

이와 동일한 맥락에서 피케티도 상대적인 비교를 통해 불평등이 심화되었다는 우려를 표시하여 세계적인 주목을 받았다. 그가 보여준 상대적 비교만 보면서 1950년부터 1980년 사이에 유럽이나 미국 사람들이 경제적으로 더 풍요로운 삶을 살고, 그 이후나 이전에 더 나쁜 삶을 살았다고 할 수는 없다. 그의 비교는 가난한 사람과 부자 사이에 소득이 분배되는 비율만 보여줄 뿐 가난한 사람의 소득이 얼마나 향상되었는가는 보여주지 않는다. 즉 과거와 비교하여 상대적으로 소득이 어느 정도 향상되었는가는 보여주지만 실제 소득이 얼마인지는 알려주지 않는다. 중요한 것은 우리가 '빈부의 격차'에 대한 수치보다 실제로 사람들이 누리는 생활수준이 어느 정도 향상되었고, 향상된 소득이 얼마인가이다. 따라서 위의 수들은 사람들의 실제 소득이 얼마인가에 대한 정보는 주지 않는다는 공통점이 있다.

그러나 중요한 것은 실제 소득이 얼마이고, 과거와 비교하여 얼마나 증가했는가 하는 것이다. 240여 년 전에 애덤 스미스는 "오늘날의 근면하고 절약하는 농부들이 옛날 유럽의 왕족보다 더 많은 편의를 누린다. 농부들이 누리는 편의는 벌거벗은 야만인 수만 명의 목숨과 자유를 좌지우지하는 아프리카의 절대적인 왕보다 낫다."[4]고 했다. 오늘날 한국인들의 경제적 풍요로움은 50년 전과 비교하여 엄청나게 높아졌다.

그러나 이러한 변화는 한국에만 나타난 것은 아니다. 다만 이 과정이 짧은 기간에 압축적으로 일어났을 뿐이다. 자본주의를 채택한 국가들은 대체로 이러한 과정을 밟는다. 자본주의가 순조롭게 정착한 사회가 겪는 자연스러운 현상이다. 자본주의는 대체적으로 국민의 복리와 생활 수준을 향상시켜 준다. 그러나 이러한 사실은 격차를 표시하는 지표에는 나타나지 않는다. 뿐만 아니라 빈곤율과 같은 표현도 상대적 빈곤도를 나타내는 것이기 때문에 이러한 변화를 반영하지 못한다. 중요한 것은 격차가 아니라 삶의 복리의 개선이다.

뚱뚱이와 홀쭉이

많은 사람들은 뚱뚱이가 뚱뚱하고 홀쭉이가 홀쭉한 것이 문제이듯이 부자는 부자고 가난한 사람이 가난한 것이 문제라고 생각한다. 가난한 사람과 부자 사이에 격차가 점점 더 벌어지는 것은 자본주의의 특성이고 이것을 바로잡는 것이 사회정의라고 주장한다. 이렇게 주장하는 사람들은 가난한 사람이 가난한 이유는 부자가 부자이기 때문에 그렇다고 믿는다. 마르크스는 가난한 사람이 가난한 이유는 부자에게 착취를 당해서 그렇다고 함으로써 부자를 타도하는 것에 대한 윤리적 정당성을 부여하였다.

오늘날 마르크스를 추종하면서 폭력혁명을 통해 빈부격차를 일거에 제거하고 공산주의 사회를 건설해야 한다고 공공연하게 주장하는 사람들은 줄어들었지만 여전히 빈부격차는 해소되어야 한다고 생각하는 사람이 많다. 최근에 이런 주장을 하여 스타 경제학자가 된 사람이 앞서 말한 피케티이다.

피케티는 뚱뚱이가 뚱뚱한 이유로 홀쭉이가 가지고 있지 않은 자본이라는 유전인자를 가지고 있어서 그렇다고 설명한다. 홀쭉이는 낮은 임금만 받는데 뚱뚱이는 유전으로 받은 자본의 혜택을 보아 점점 뚱뚱해진다는 것이다. 피케티는 이런 자본주의에 세습 자본주의라는 이름을 붙였다. 이런 자본주의 체제에서는 자본을 상속받지 못한 사람은 항상 가난할 수밖에 없다.

나아가 피케티는 홀쭉이를 뚱뚱하게 만들기 위해서는 뚱뚱이를 도

뚱뚱이와 홀쭉이

망가지 못하게 묶어놓고 그의 살을 베어 홀쭉이에게 옮겨야 한다는 처방을 제시했다. 그는 이것에 '글로벌 재산세'라는 이름을 붙였다. 뚱뚱이가 뚱뚱한 것은 영양 공급을 많이 받기 때문이다. 홀쭉이를 뚱뚱하게 만들기 위해서는 뚱뚱이의 위에 빨대를 꽂아서 홀쭉이 위와 연결하여 음식물이 흘러가게 해야 한다는 것이다. 피케티는 이것에 '누진적 소득세'라는 이름을 붙였다. 이런 역할을 국가가 해야 한다고 해서 새롭게 '정치경제학' 부활의 필요성을 강조했다. 피케티의 이러한 주장은 정당화될 수 있을까. 없다면 어떠한 이유에서 그럴까.

로크는 자연권설에 기초하여 '자기소유권'을 창안하였다. '자기소유권'에 따르면 각 개인은 자기 신체의 소유권을 가지고 있다. 자기소유권은 '인신(人身) 소유권'이다. 노직(Nozick)은 '자기 신체 각 부분의 강제적 재분배'의 한 사례로서 '안구의 추첨'을 들고 있다. 의술의 발달로 안구 이식 수술 성공률이 완벽하게 되면, 어느 사람의 안구도 다른 사람에게 이식할 수 있다. 안구가 없는 사람이나 안구에 문제가 있는 사람이 있다면 건강한 사람의 안구를 재분배해야 하는가.

물론 건강한 안구를 가진 사람들이 자발적으로 안구에 문제가 있는 사람들에게 자신의 안구를 기증할 수 있다. 그러나 정부가 추첨을 통해 안구를 강제로 증여하게 할 수 있는가. 물론 정부가 이렇게 하면 세상은 더 좋아질 수도 있다. 그렇다고 정부가 추첨을 통해 안구를 강제로 재분배하는 것이 정당화될 수는 없다.

자신의 신체에 대한 권리는 절대적이다. 내가 동의하지 않는 한, 어느 누구도 남의 생명을 구하기 위해 나의 희생을 강요할 수 없다. 국가도 예외는 아니다. 노직은 자신의 신체나 생명에 대해 개인이 절대적 권리를 가지듯이 재산에 대해서도 그렇다고 주장한다. 안구나 생명은 자신의 소유로 다른 사람의 처지를 향상시키기 위해 강제로 재분배될 수 없듯이 재산도 그렇다는 것이다. 개인의 재산도 재분배의 대상에서 제외되어야 한다는 것이다. 그럼에도 불구하고 평등주의자들은 재산을 재분배해야 한다고 주장한다.

개인의 재산은 하늘에서 떨어진 '만나'가 아니다. 평등주의자들은 '파이'를 고르게 분배하는 것이 정의라고 주장하지만, 중요한 것은 고르게 분배하는 것이 아니라 그 파이의 소유자가 누구인가이다. 평등주의자들은 소유권에 대해서는 무관심하고 분배에만 관심을 집중한다. 피케티의 '글로벌 누진 과세'나 좌파가 주장하는 '부자 증세'는 안구를 재분배하자는 주장과 본질적으로 동일하다.

그러나 이런 노직의 철학 안에서는 자선을 통한 사회적 부조를 제외하고, 국가가 사회적 약자를 위해 정책적으로 안전망을 확보할 수 없다는 어려움이 있다. 물론 가진 자들이 자발적으로 자신의 공동체에 속한 약자들을 돕는다면 좋겠지만, 그렇지 않은 경우에는 안전망 확보가 어렵게 된다.

그러므로 시장의 자기조절 기능을 존중하면서 원천적으로 시장에 참여할 수 없는 사회적 약자를 도와야 한다는 주장도 가능하다. 시장 질서를 통해 재화가 분배되는 것을 일차적으로 인정하면서 이 과정에 참여하지 못하는 사람들에 대해 인간적으로 배려해 '안전망'을 만들 수도 있다.

2006년에 시작된 이야기

2006년 참여정부의 비서실장은 재외공관장회의 강연에서 "한국은 빈부격차 정도가 OECD 회원국 중 최악의 수준"이라며 "이런 상태를 방치한다면 한반도는 빈부격차로 인해 2개의 대한민국과 북한, 즉 3개의 코리아로 나뉠지 모른다."고 경고하였다.

때맞추어 청와대 홈페이지에는 "비정한 사회, 따뜻한 사회—양극화 시한폭탄, 이대로 둘 것인가?"라는 기획물이 14회에 걸쳐 연재되었다. 청와대는 "사회적 양극화 심화라는 내부적 모순이 악화되어가고 있음에도 불구하고 사회적 빈곤문제를 개인의 탓으로 돌리면서 못 본 체하고 있다."며 이 특별 기획에서 언론계·학계·정치권 등 여론 주도층을 비판했다.

이 특집은 "IMF 이후 대부분의 언론들은 '한강의 기적'을 낳은 압축 성장의 명암을 파헤치면서 '가진 자'와 '못 가진 자'의 문제를 본격 제기하고 일부 신문은 계급투쟁의 우려까지 표명했음에도 불구하고 7년이 지난 지금에 와서는 '성장이냐 분배냐'의 낡은 관념에 함몰되어 자기진단에 소홀하고 있다."고 비판하면서 "자본주의 체제에서 부가가치 창출의 핵심 역할을 하는 기업이 자동차 엔진이라면 빈곤층 생활보장을 위한 사회안전망은 브레이크와 같다. 브레이크 없는 자동차는 없듯이 사회안전망 없는 선진 자본주의는 없다."며 성장과 복지는 같이 가야 한다고 주장했다.

이 특집은 양극화를 '시한폭탄'에 비유함으로써 양극화에 의해 우리 사회가 위기에 봉착할 수도 있다는 암시를 풍기고 있다. 물론 '시한폭탄'의 시계가 어디에 맞추어져 있는가에 대한 명시적인 언급은 없다. 다만 "더는 미룰 수 없습니다. 양극화 문제를 해결하지 못하면 우리 사회는 희망이 없습니다. 살기 힘든 80퍼센트만이 아니라 잘나가는 20퍼센트에게도 양극화는 재앙이 될 것입니다.(중략) 이 기획은 양극화 해결을 위한 참여정부의 출사표입니다."라고 선언하고 있다.

'기획을 시작하며'의 첫 장에는 "복지예산, 미래를 위한 투자입니다."라는 문구와 함께 노무현 대통령이 2005년 10월 31일 출입기자 오찬 간담회에서 한 "수출은 사상 최고치를 기록하고, 잘 나가는 상장 기업은 역대 최고의 수익을 기록하고 있는데도 서민들은 계속 어려운 양극화 상황이 벌어지고 있습니다. 이것이 민생이 어려운 근본 원인입니다" 라고 한 말을 인용하고 있다.

"복지예산, 미래를 위한 투자입니다."라는 문구는 적어도 2가지 의미, 곧 복지예산을 늘려야 한다는 주장과 함께 복지확대는 미래를 위한 투자라는 주장을 포함하고 있다. 복지는 반성장적인 것이 아니고 복지를 확대함으로써 미래를 위한 투자도 확충해야 한다는 것이다. 이 주장은 오늘까지도 계속되고 있다. 복지를 확대해도 활성화에 도움이 된다는 것이다. 이 주장은 사실에 의해 진위가 결정될 수 있는 경험적 문장이지만, 경제학에서는 진위를 판명하기가 쉽지 않은 모양이다.

'기적과 절망, 두 개의 대한민국'이라는 제목을 단 첫 번째 글은 『조선일보』(1999년 7월 19일자)와 『신동아』(1988년 6월호)의 다음과 같은 글을 인용하는 것으로 시작한다.

> 중산층에서 탈락해 절대빈곤층으로 몰락한 우리 이웃들은 "살기가 갈수록 더 힘들다."고 말하고 있다. 경제전문가들은 한국 사회가 소수의 부유층과 절대다수의 빈곤층으로 양극화하는 이른바 '20 대 80 사회'로 가고 있다고 경고하고 있다. (중략) 이 같은 계층 간 빈부격차가 계속될 경우 계층간 적대감이 확산되면서 사회가 흉포화되는 등 불안정해질 것으로 우려된다.—『조선일보』

> 경제 위기가 가속되면서 폭동이나 소요 같은 사회불안 가능성이 커지고 있다. 폭동의 원인으로 꼽히는 요소는 장기적인 고실업과 중산층의 몰락

이다. 하루아침에 일자리를 잃고 하층민으로 몰락한 화이트칼라, 부도를 맞고 길거리로 내몰린 자영업자들, 삶의 질이 급락한 노동자들이 목소리를 높이고 있다.

우리 사회는 지난 10년 동안 임금이 약 2배 가까이 상승하면서 빈부간 임금격차가 크게 줄었던 게 사실이다. 중산층이 넓게 분포하면서 생활기대수준이 넓게 나타난 사회였다. 그런 현상이 1년 만에 무너진 것이다. IMF체제가 낳은 결과는 부익부빈익빈으로 나타나고 있다.—『신동아』

참여정부가 양극화 해결을 위한 출사표를 던졌지만, 해결하지 못하고 정권은 마감되었다. 그렇다고 이 문제가 정치권에서 사라진 것은 아니었다. 뒤이어 이명박 정부도 동반성장을 내걸었고 현 정부도 경제민주화와 맞춤형 복지를 표방하였다. 이런 상황에서 피케티의 『21세기 자본』을 계기로 부와 소득의 양극화 극복 또는 격차 해소가 사회정치적 담론으로 다시 부상하고 있다.

격차와 정부의 역할

격차가 심화되는 이유는 사회가 정의롭지 않거나 가진 자들의 탐욕 때문이 아니라 산업구조가 급격하게 변했기 때문이다. 산업구조의 급격한 변화는 부의 원천이 노동이 아니라 지식으로 이동했기 때문이다. 지식사회가 도래함으로써 지식을 생산하는 창조적인 분야에 종사하는 사람들은 소득이 늘어나고, 늘어나는 소득은 곧 자산으로 이동하여 시간이 갈수록 임금과 부의 격차는 점점 더 벌어지게 된다. 부자는 더욱더 부자가 되는 것이다. 그렇다고 가난한 사람이 더욱더 가난해지는 것은 아니다.

이런 현실에 직면하여 자칭 진보적인 지식인들은 이 격차를 줄여야 한다고 주장한다. 마치 소득과 부의 격차가 이 사회를 파멸로 인도하는 것처럼 과장된 주장을 하고 있다. 수적으로 격차 확대를 증명하려는 사람들의 결론은 자명하다. 정부의 역할을 강화함으로써 격차를 줄여야 한다는 것이다. 이들은 하나같이 '부자증세'를 통한 복지국가의 강화를 외친다. 선거 때마다 복지국가를 외치는 정당이 많은 표를 얻는다. 결국 격차 이론은 '분배 정치학' '분배 경제학'으로 귀착된다.

모든 정책이 격차 해소에 맞추어져야 한다는 것이다. 그러나 이들이 제시하는 대부분의 정책은 사회적 합의가 쉽지 않은 정책이다. 정치권이 자신의 입장만 앞세워 사회적 합의가 견고하지 않은 정책을 시행하면 갈등과 증오를 증폭시켜 사회의 에너지를 비생산적인 것에 소신하게 하고, 개인과 국가의 잠재력은 사라진다. 갈등과 증오가 지배하는 사회적 분위기 속에서는 원래 의도한 정책의 효과가 나타나지 않고 정책의 원래 의도마저 퇴색한다. 사회적 합의에 도달하지 못한 정책은 정부의 신뢰를 잠식하고, 신뢰를 획득하지 못한 정책은 실패하기 십상이다.

격차이론에 기초한 '분배정치학'과 '분배경제학'은 사회적 관심을 격차에 맞추게 함으로써 '증오와 분노의 정치경제학' '르상티망의 정치경제학'을 만들어 낸다. 정치인들은 상대적 차이가 항상 존재할 수밖에 없는 현실에서 시민들의 박탈감에 기대어 '르상티망의 정치경제학'을 주도함으로써 사회적 갈등을 증폭시키고 경제성장의 동인을 잠식한다. 경제성장 엔진이 멈추면 '르상티망의 정치경제학'은 더 강화된다.

좌우 가릴 것 없이 모든 정부가 추진하고 있는 격차 해소정책이 사회적 논란과 갈등만 초래하고 긍정적인 결과를 산출하지 못하고 있는 이유도 바로 '격차 해소'라는 의제 자체가 사회적 갈등을 전제하고, 갈등의 증폭을 내재하고 있기 때문이다. 이 정책은 사회 통합이 아닌 배제와 갈등을 본질로 한다. 격차 해소는 본질적으로 제로섬을 기본으로 삼고 있는 정책이다. 정치권이 진정으로 경제적으로 어려움을 겪고 있는 사람들에게 실질적인 도움을 주고 싶다면 정책 의제를 '격차 해소'가 아니라 '가난의 추방'으로 바꾸어야 한다. 가난은 사회적인 악이지만 격차는 사회적인 악이 아니다.

뿐만 아니라 격차 해소라는 명분으로 강화되는 복지는 필연적으로 국가 부채를 늘려 나라를 위태롭게 하고, 도덕적 해이를 불러일으켜 사람들을 도덕적으로 타락시킨다. 복지국가의 강화는 자존감이 없는 의존적 인간을 양산하여 사회의 도덕적 타락을 선도한다. 정부의 역할은 격차를 해소하려고 적극적으로 노력하는 것이 아니라 시장에 참여하지 못함으로써 자신의 앞가림을 하지 못하는 사회적 약자를 지원하는 것이다. 이를 위해서는 국가의 복지정책을 보편적 복지가 아니라 선별적 복지로 전환해야 한다. 반값등록금이나 영유아 보육비는 어려운 학생과 영유아에게 집중되어야 한다.

우리 헌법은 "1) 사회적·경제적 약자와 소외계층, 특히 산업사회가 성립하면서 대량으로 발생한 무산근로 대중의 생존을 보호하고 2) 정의로운 사회·경제 질서를 확립하기" 위한 '사회 국가의 원리'를 기본으로 삼고 있다. 그러나 현실에서는 2)를 위한다는 명분으로 1)이 희생된다. 정책 결정은 이익집단의 타협의 결과이고, 투표에서도 2)를 표방하는 것이 1)을 표방하는 것보다 득표에 유리하기 때문에 '가난한 자를 위한 나라'는 존재하지 않게 된다. 반값등록금, 무상급식 때문에 저소득층을 위한 교육 예산이 사라지는 것은 바로 선거에서 2)가 1)보다 우선하기 때문이다. 1)과 2)가 충돌하는 경우 1)이 우선해야 한다는 헌법적 해석도 가능하다. 재한된 국가 재정에서는 중산층을 위한 '정의로운 국가'보다는 저소득층을 위한 '안전국가'가 우선해야 한다.

나아가 복지 확대가 초래할 수 있는 위험을 방지할 수 있는 사회적 장치도 마련되어야 한다. 우리 헌법은 "국민의 모든 자유와 권리는 국가안전보장·질서유지 또는 공공복리를 위하여 필요한 경우에 한하여 법률로써 제한할 수 있다."고 규정하고 있다. 이 조항을 확대 해석하면 재정 건전성을 유지하지 못할 정도의 과잉 복지로 인한 국가의 재정 파탄을 방지하기 위해 국가는 시민의 복지권을 제한할 수 있다. '재정 건전성'을 유지하기 위해 '공공복리'를 위협하는 요인으로 국가 재정 파탄을 인정하여 이를 방지하기 위한 '재정준칙주의'를 헌법에 명시해야 한다.

불가능한 격차 해소에 대한 인문학적 성찰

격차는 해소되어야 한다고 믿는다. 왜 그럴까? 그것은 '사회통합을 위해서'라고 말한다. 격차가 심하면 사회통합이 깨져 사회가 불안해지고, 이 불안이 증폭되면 폭동이나 혁명이 일어날 수 있다는 것이다. 이렇게 되면 소득이 높고 재산이 많은 부유층도 자신의 재산을 지킬 수 없기 때문에 격차를 해소할 수 있는 정책을 지지하고 지원해야 한다고 주장한다.

이 말은 어느 정도는 설득력이 있다. 국가가 제 역할을 제대로 하지 못했던 시절 돈 많은 상인은 항상 주변 사람들이나 관리들에게 인심을 잃지 말아야 했다. 주변 사람들에게 도움을 주고, 관리가 바뀔 때마다 뇌물을 바쳤다. 이들은 모두 상인을 공격하여 재산을 빼앗아 갈 수 있는 물리적 힘을 가지고 있었다. 돈 많은 사람은 항상 공격의 대상이 되었기 때문에 부자들은 자신의 재산을 지키기 위해 사회보험을 들고, 그 보험료를 지불해야만 했다.

그러나 근대국가가 형성되면서 사정은 달라졌다. 권력을 가진 국가는 개인의 재산을 지켜주는 것을 자신의 고유한 책무 가운데 하나로 여기게 되었다. 국방과 치안이 국가의 고유한 역할이며, 이를 통해 국가는 개인의 생명과 재산을 지켰다. 그것에 대한 대가로 시민들은 세금을 납부하고 국가가 정한 규칙을 준수하였다.

이런 상황임에도 불구하고 국가가 격차를 줄여 사회안정을 도모해야 한다는 주장은 설득력이 약하다. 격차는 자연스러운 경제활동의 결과이고, 국가가 정한 법의 테두리 안에서 활동한 사람들의 경제적 행위의 결과이다. 격차가 위법이나 불공정한 경제행위에서 발생한 것이 아니라면 그것은 용인되어야 한다. 그럼에도 불구하고 사람들은 격차가 작은 사회, 격차가 없는 사회가 바람직한 사회라고 말한다.

"돈이 아무리 많아도 인간의 행복도가 개선되지 않습니다. 빈부격차가 커지게 되면 행복도가 굉장히 떨어집니다. 국민 행복을 위해서는 정신 작용에 대한 수련도 해야 하지만, 빈부격차도 낮추어야 합니다. 이것이 경제민주화죠.

경제민주화의 핵심은 첫째, 경쟁이 공정해야 해요. 그래서 부의 집중을 막고 격차를 줄여야 해요. 둘째, 경쟁 자체도 못하는 사람들, 어린아이, 노인, 장애인 등에게는 기본 생활을 보장해줄 수 있도록 사회 안전망을 구축해야 합니다. 이것을 복지사회라고 하죠. 그런 면에서 유럽의 시스템을 잘 연구해서 받아들일 필요가 있습니다."[5]

위의 글에서 언급한 격차가 '불공정 경쟁'이 초래한 격차인지 아니면 공정한 경쟁이 초래한 격차까지 포함하는지는 분명하지 않다. 이와 관련하여 사람들은 인간의 본성에서 격차 해소의 당위성을 말한다. 사람은 시샘하고 비교하는 존재이기 때문에 격차가 심하면 이런 본성이 작동하여 불행을 느낀다는 것이다. 달리 말하면 부자는 가난한 자의 시샘을 자극하여 의도하지 않은 불행을 초래할 수 있기 때문에 격차를 줄이기 위해 정부가 나서야 한다는 것이다. 그러나 이 논리가 안고 있는 난점은 모든 사람이 완전히 평등해지기 전에는 다른 사람과 비교하여 열등감을 느끼기 때문에 시샘이 없는 세상은 원초적으로 불가능하다는 사실이다.

국가가 권력을 통해 모든 사람을 어느 순간에 경제적으로 평등하게 할 수 있어도 하루만 지나도 불평등은 발생한다. 열심히 일하는 사람과 알코올중독에 빠진 사람, 도박에 빠진 사람 사이에는 경제적 격차가 날 수밖에 없다. 그렇다고 정부가 매순간 사회를 리셋(reset)해서 평등한 사회를 만들 수는 없다.

격차가 초래할 수 있는 사회적 부작용을 정부의 역할을 통해 해소할 수는 없다. 정부가 아무리 노력해도 사람들 마음 속에 있는 열등감, 시기심, 부러움을 없앨 수는 없다. 차이가 크거나 작거나 간에 사람들은 열등감, 시기심, 부러움을 느낀다. 격차의 부작용은 정치나 경제를 통해 해소될 수 있는 것이 아니라 인간에 대한 인문학적 성찰을 통해 해소될 수 있을 뿐이다.

경험적인 연구에 의하면 부가 증가한다고 그에 따라 행복이 증가하는 것은 아니다. '최저수준'의 부만 주어지면 행복은 더 이상 증가하지 않는다. 경험적인 연구는 부의 증가가 행복의 증가를 항상 초래하는 것은 아니라고 말한다. 이 사실에 대한 깨달음은 경제학이나 정치학이 줄 수 있는 영역은 아니다.

이제 우리는 격차를 정치·경제적 관점에만 국한시키지 않고, 그것을 인문학적 관점에서도 성찰해야 한다. 그러나 '격차'가 사회의 중심 담론이 되는 것은 바람직하지 않다. 국가는 '격차 해소'가 아니라 빈곤 추방이나 최소생활 보장과 같은 것을 자신의 정책 과제로 삼아야 한다.

주

1 '격차'라는 말보다 '불평등' '양극화'가 더 널리 사용된다. 엄밀히 이 말들의 의미는 다르지만 거의 동일한 의미로 사용된다.

2 다치바나키 도시아키, 이병진 옮김, 『일본의 경제격차: 소득과 자산으로 생각한다』, 소화, 2001, 18쪽.

3 앞의 책, 51쪽.

4 R. H. Campbell & A. S. Skinner, *The Wealth of Nations*, Clarendon Press, Oxford, 1976, p. 24.

5 법륜 스님, 「법륜 스님의 즉문즉설: 프라하 편」, 2014년 9월 3일.

8장

참을 수 있는 격차와 참을 수 없는 격차

이영조(경희대학교 국제대학원 교수)

어떤 격차가 문제일까

시장경제는 필연적으로 격차를 수반한다. 교환이 시장경제의 작동원리인 한, 다른 사람에게 제공할 것이 적은 사람은 당연히 다른 사람으로부터 획득할 수 있는 것도 적을 수밖에 없다.

대개의 사람은 우리의 생김새가 다르듯이 세상에는 격차가 존재할 수밖에 없다는 사실을 받아들인다. 또한 업적 혹은 성과에 따라 보상이 달라야 한다는 것도 대체로 수긍한다. 그렇다고 해서 이들이 모든 격차를 당연시하지는 않는다. 기회의 평등이 결과의 평등을 의미하지 않는다는 것을 인정하면서도 때로는 격차를 문제삼는다.

이 글은 이러한 불만이 광범하게 확산될 경우 시장경제 체제를 위협할 수도 있다는 문제의식에서 출발한다. 우선 '사람들이 어떤 경우에는 격차를 수용하고 또 다른 경우에는 격차에 불만을 가지는가?'는 질문에 해답을 구하고 그 바탕 위에서 격차에 대한 불만을 줄일 수 있는 방안을 탐색하는 조그마한 시도이다.

한국인의 격차관

보통의 우리나라 사람들은 격차에 대해 어떤 생각을 하고 있을까? 관련된 경험적 연구가 충분하지 않지만 일상 속에서 관찰되는 인상적인 증거와 언론의 논조 등을 바탕으로 정리해 보면 대체로 다음과 같다.

첫째, 대부분의 사람들은 시장경제가 다른 경제체제보다는 우월하다고 믿는다. 특히 총량 성장에 있어서는 현실의 다른 체제보다 낫다고 믿고 있다. 단 분배 면에서는 문제가 있다고 생각하는 사람들이 적지 않다.

둘째, 대부분의 사람들은 업적이나 기여에 따라 보상이 다른 것이 당연하다고 생각한다. "뭐? 똑같이 나눠 가져? 그건 공산주의야. 내가 남보다 열심히 일하는데 왜 남보다 더 많이 받고 더 잘 살 수 없어야 해?" 이런 식의 이야기를 흔히 들을 수 있다. 남보다 더 잘하고 더 노력하고 더 중요한 일을 하면 이에 상응하는 차별적인 보상이 있어야 한다고 생각한다.

그럼에도 불구하고 지나치게 큰 격차는 공정하지 않다고 생각한다. 예컨대 평사원의 임금과 대비한 CEO의 임금이 다른 선진국에 비해 상대적으로 매우 작음에도 불구하고 언론 등에서는 이를 지나치다고 보도하고 일반인들도 이에 동조하는 경향을 확인할 수 있다.

셋째, 대부분의 사람들은 '기회의 평등'을 받아들인다. 자신의 능력이 닿는 한, 그리고 원하는 한 성공할 수 있는 기회가 주어져야 한다고 믿는다. 특히 모든 사람에게 교육을 받을 평등한 기회가 부여되어야 하고 사회적 배경이나 출신학교와 관계없이 오로지 실력만으로 취업의 기회가 주어져야 한다고 믿는다.

이처럼 평균적인 한국인은 시장경제를 대체적으로 수용하며 격차의 필연성도 인정한다. 사회적 진화론이 정착한 나라(예컨대 미국)에 비해 좀 더 평등주의적인 공정성의 관념을 지닌 것은 사실이지만, 절대적인 평등을 옹호하는 사람은 거의 없다. 극단적인 평등주의자들조차도 시간을 어떻게 쓸지 등에 대해서 개인이 선택을 할 수 있어야 한다고 주장한다. 예컨대 소득과 일에 관련해 더 많은 소득을 얻기 위해서 마음에 들지 않는 일을 하기보다는 보수가 적더라도 즐거운 일을 택할 수 있고 더 많은 일을 하기보다는 개인적인 시간을 더 많이 갖는 선택을 할 수도 있어야 한다고 생각한다. 그리고 이런 선택의 결과로 빚어지는 소득격차는 거의 모든 사람이 받아들인다. 업적주의의 원칙에도 대체로 동의하고 '기회의 평등'도 대개는 받아들인다.

그런데 무엇이 문제인가?

기회의 평등 혹은 불평등

사람들에게 주어진 기회에 격차가 있는지의 여부는 확인하기 어렵다. 평등한 무엇(equal X)과 무엇을 얻을 기회의 평등(equal opportunity for X)은 엄청나게 다르다. 평등이 달성되었다는 혹은 격차가 없다는 주장은 무엇이 불평등하게 분배되어 있다는 실례(observation) 하나로도 부정될(falsify) 수 있지만 기회의 평등이 달성되었다는 주장은 그로써 부정되지 않는다. 기회의 평등은 결과의 불평등을 처음부터 인정하기 때문이다.

기회의 평등은 독립적으로 재기가 어렵다. 경험적인 연구를 한다고 치면 결국은 기회가 아닌 결과를 놓고 아주 정교한 분석기법을 동원해야 한다. 개인이나 집단 사이의 다른 모든 관련된 차이들을 고려하고 통제했을 때 기회가 평등하다면 동일한 평균적 결과가 나올 것으로 예상할 수 있다. 역으로 다른 모든 변수들을 통제했을 때 결과가 불평등하다면 이것은 기회의 불평등을 의미한다.

하지만 '다른 모든 것'을 계량하고 통제하는 것은 사실상 불가능에 가까운 일이다. 뿐만 아니라 현실에서는 다른 모든 변수들이 결코 평등하거나 동일하지 않다. 한마디로 '기회의 평등'이 안을 들여다볼 수 없는 '검은 상자'인 한, 실제에 있어서는 '기회의 불평등'일 가능성이 엄존한다. 바로 이러한 이유 때문에 사람들은 때로 결과가 불평등한 것이 기회가 평등했지만 그런 결과가 나온 게 아니라 애당초 기회 자체가 불평등했던 탓이 아닌지 의심하게 된다.

그렇다면 어떤 경우에 사람들이 기회의 불평등을 의심하게 될까?

특성 중립적 기회의 평등과 특성 비중립적 기회의 평등

흔히 우리가 뭉뚱그려서 얘기하지만 기회의 평등에는 두 가지 상이한 종류가 있다.

첫째는 특성 중립적 기회의 평등이다. 로또, 빙고, 추첨, 동전 던지기 같은 것이 그 예이다. 이것들의 공통된 특징은 참여하는 사람들의 개인적인 특성, 자질 등과는 결과가 무관하다는 점이다. 여기서는 특정한 결과가 나올 확률이 누구에게나 동일하다.

이런 경우 당연히 기회가 평등하다는 데 추호의 의심도 하지 않는다. 결과가 만족스럽지 못하더라도 어디까지나 운이 없었던 탓으로 생각하고 넘어간다.

둘째는 특성 비중립적 기회의 평등이다. 대부분의 운동경기가 좋은 사례이다. 사전에 명확하게 정해진 공통된 게임의 규칙이 있고 장비의 규격 등에 대해서도 세밀한 규정이 있다. 능력에 따라 결과의 차이가 드러나게 이론적으로는 평등한 '수단'을 제공한다. 동일한 수단 내지는 도구를 사용하기 때문에 불평등한 결과는 재능 혹은 노력의 결과로 정당화된다.

하지만 세밀한 규정이나 규격에도 불구하고 이 경우도 결과는 재능이나 노력 못지않게 장비와 같은 제3의 요인에 의해 결정되는 경우가 허다하다. 봅슬레이의 예를 들자면 아무리 재능이 뛰어나고 훈련을 많이 하더라도 좋은 장비가 없이는 결코 좋은 결과를 얻을 수 없는 것이 현실이다. '스포츠는 과학'이라는 말이 예시하듯이 아무리 평등한 경쟁 기회를 부여하더라도 훈련의 방식과 장비의 우열 때문에 성공할 전망 혹은 확률은 처음부터 다르다.

그럼에도 불구하고 사람들이 결과에 승복하는 것은 그야말로 블랙박스가 아니라 훤히 공개된 '평탄한 운동장'에서 같은 조건에서 같은 기회를 준 가운데 능력과 기술의 우열을 가리기 때문이다. 물론 타고난 체격적 조건이 다르고 경제적 형편 때문에 좀 더 좋은 장비, 좀 더 과학적인 훈련을 받지 못해 결과가 결정된 부분이 있지만, 이런 운에 의해 결정되는 부분은 대개가 받아들인다.

우리가 일상에서 벌이는 경쟁 가운데 상당수는 개인적 특성에 비중립적일 뿐 아니라 성취의 전망(prospect)이 개인 외적인 요소에 크게 좌우된다. 게다가 게임의 규칙도 분명치 않은 경우가 많고 게임 자체도 모두가 볼 수 있는 곳에서 벌어지지 않는다. 사람들이 기회의 불평등을 의심하는 부분이다.

가족적 배경과 기회

격차와 관련해 언론기사나 사람들의 일상적인 의견 표명에서 흔히 등장하는 말이 '부의 대물림' '교육의 대물림' '아버지의 능력이 나의 스펙' 등의 표현이다. 이를 근거로 해서 추정한다면 한국인의 인식에서 기회의 평등과 관련해 가장 흔히 문제가 되는 것은 가족적 배경과 이것이 교육 및 직업(취업), 나아가 소득에 미치는 영향일 것이다. .

이와 관련한 불만의 소재를 확인하기 위해 중요한 요인들 중심으로

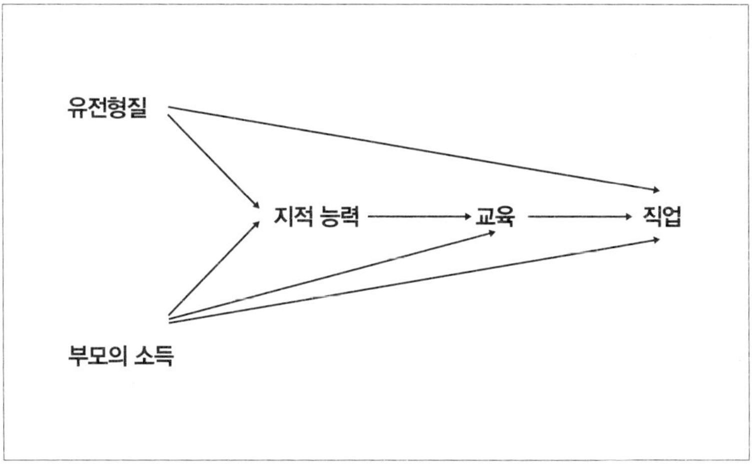

정리한 것이 다음의 그림에서 보는 모형이다.

이른바 '좋은' 직장에 취업하거나 '좋은' 직업을 얻기 위해서는 무엇보다도 이름난 학교에서 좋은 교육을 받고 바람직한 소양과 능력을 갖추어야 한다는 것이 일반적인 인식이고 사실이다. 그러기 위해서는 지적 혹은 학습능력이 필요하다. 여기에는 어쩌면 타고난 유전형질이 더 중요할 수도 있지만 신기하게도 유전형질의 차이를 가지고 문제 삼는 사람은 매우 드물다. 운동경기에 있어서처럼 개인이나 집단이 어떻게 할 수 없는 완전히 운의 영역에 속하는 격차는 일반적으로 받아들인다. 다시 말해 참을 수 있는 격차이다.

유전적인 요인을 문제 삼지 않는 경향은 공부 이외의 영역에서도 마찬가지다. 분야에 따라서는 타고난 체격이나 체질이나 외모가 결정적일 수도 있지만, 이를 바탕으로 일부 스타 연예인이나 운동선수들이 엄청난 소득과 명성을 누려도 이것에 대해 불평하는 사람은 많지 않다.

이 경우 운에 의해 타고난 것 외에도 본인들의 피나는 노력이 더해졌다는 사실도 격차를 수용하게 하는 다른 하나의 요소이다. 그리고 그런 노력의 결과가 경연과 시합을 통해 확인되고 있다. 김연아 선수가 인기와 부 그리고 명예를 차지해도 사람들은 당연한 것으로 받아들인다. 이세돌 선수가 바둑계를 평정하고 다른 선수들에 비해 엄청나게 많은 상금을 차지해도 이를 질시하거나 부당하게 생각지 않는다.

많은 사람들이 문제 삼는 것은 위 그림의 아랫부분이다. 한국의 경우, 교육이나 취업의 기회는 분명히 누구에게나 열려 있다. 부잣집 출신이든 가난한 집 출신이든 교육을 받을 수 있다. 취업의 문도 공식적으로는 누구에게나 열려 있다. 이 같은 명목상의 '기회의 평등'에도 불구하고 많은 사람들이 기회에 커다란 실질적 격차가 있다고 생각하고 문제 삼고 있다. 돈 있는 집 애들은 과외도 받고 그래서 높은 수능점수를 받는데 나는 부모가 돈이 없어서 못해주니 불만이다. 있는 집 아이들은 성적이 나보다 좋지 않은데도 어떻게 입시사정관 제도를 통해서 좋은 대학을 가던데 나는 형편이 되지 않아 요구되는 스펙을 맞출 방법이 없으니 속이 터진다. 있는 집 애들은 조기유학도 가고 해외로 영어연수도 1~2년씩 다녀오는데 난 그거 못해서 취업 면접 때마다 영어 때문에 떨어지니 정말 눈물 난다. 최근에는 좋은 회사들이 부모들과의 비즈니스 기회를 염두에 두고 돈 있고 지위 있는 집 자녀들을 특별 고려해 선발한다고 하니 나 같은 서민은 어쩌란 말이냐. 이러한 것들이 시장경제 체제와 업적주의 그리고 기회의 평등을 수용하는 평균적인 한국인들의 불만이다.

무엇이 필요한가

이 같은 불만을 줄이기 위해서는 최소한 다음의 몇 가지 조치들이 필요하다. 첫째는 평준화 폐지 내지는 수정이다. 사실 과외가 중요해진 큰 이유 가운데 하나가 평준화이다. 학습능력이 다른 학생들을 같은 교실에 몰아넣은 결과 교사가 어느 한 수준에 맞춰 가르치면 나머지 다른 수준에 있는 학생들은 학교에서 배울래야 배울 수가 없다. 과거 평준화 이전 시절에는 학생들의 과외에 대한 의존도가 지금보다 크게 낮았던 것이 학교에서 자기 수준에 맞게 많은 것을 배울 수 있었기 때문이다. 평준화의 전면적 폐지가 어려우면 수준별 반편성이라도 해야 한다.

둘째, 영어의 제2공용어화이다. 통계에 의하면 가계의 사교육비에서 절반 정도를 차지하는 것이 영어 사교육비다. 영어를 제2공용어화한다는 것은 공교육에서 영어교육을 책임진다는 것이다. 가구의 소득과 관계없이 영어를 배울 수 있게 할 수 있다. 세계어로서의 영어의 중요성은 어쩔 수 없다. 하지만 지금처럼 영어 학습이 사실상 가정의 책임이 되면 영어는 조선시대의 한문이 지적 능력의 미명 하에 사실상 사회적 차별의 도구로 기능했던 것과 비슷해질 것이다.

셋째, 대학 입시에서 사실상 부모의 능력(경제적, 시간적, 지적 그리고 정보능력)에 의해 성패가 좌우되는 각종 이상한 전형들을 없애고 전형방법을 단순화해야 한다. 가능하다면 단 한 번의 시험만 치르는 과거의 전형방법을 부활시키는 것이 좋다. 당연히 수행평가를 포함하는 고교 내신제 같은 것도 폐지해야 한다. 일상적으로 그리고 지속적으로 성과를 내야 할 경우 가정형편이 중요한 결정요인이 되기 때문이다.

넷째, 기업은 가족적 배경을 고려해 채용하는 관행을 없애야 한다. 회사 입장에서는 합리적인 선택이겠지만 사회적으로 바람직하지 않은 결과를 빚는다는 점에서 버려야 할 관행이다. 사실 부모의 직업이나 직책 등을 고려하는 것은 일종의 불공정경쟁에 해당된다. 일부 국가에서는 이런 채용방식을 뇌물공여로 간주해 처벌하고 있다. 회사들이 자발적으로 이런 관행을 포기하지 않는다면 공무원 채용에서 채택하고 있는 블라인드 인터뷰 방식 같은 것을 법제화할 필요도 있다.

다섯째, 크고 작은 기업에서 오너 일가라는 단 하나의 이유로 공채 사원은 아직 과장도 달지 못하는 나이에 임원으로 낙하산을 태워 내려보내는 관행도 자제해야 한다. 물론 이들이 다른 사람에 비해 젊은 나이에 임원이 될 만큼 유능할 수도 있다. 이러한 능력이 이미 입증된 경우는 김연아 선수나 이세돌 선수의 경우처럼 내심으로도 큰 불만이 없을 것이다. 하지만 많은 경우 이런 낙하산 인사는 능력이나 자질이 검증되지 않은 상태에서 이루어지고 있다. 승진 사다리를 한 칸 올라 가 보려고 피눈물나게 모진 노력을 하고 있는 사람들이 이런 인사를 보고 어떻게 불만을 갖지 않을 수 있겠는가.

사실 사람들이 격차가 있을 수밖에 없다고 여기면서도 불만을 갖게 되는 것은 자신이 살고 있는 현실 세계에서 공평하지 않아 보이는 일들을 경험했을 때다. 집안의 배경이나 재산과 관계 없이 인생의 각 단계에서 같은 능력이면 같은 기회가 주어진다고 생각할 수 있게 되었을 때 격차는 참을 만한 것이 될 것이다.

격차, 그 지극한 자연스러움

펴낸날 초판 1쇄 2015년 7월 10일

엮은이 안재욱
펴낸이 김광숙
펴낸곳 백년동안
출판등록 2014년 3월 25일 제406-2014-000031호

주소 경기도 파주시 광인사길 30
전화 031-941-8988
팩스 070-8884-8988
이메일 on100years@gmail.com

ISBN 979-11-86061-36-7 03300

※ 값은 뒤표지에 있습니다.
※ 잘못 만들어진 책은 구입하신 서점에서 바꾸어 드립니다.

책임편집 홍훈표